"十四五"普通高等教育部委级规划教材

大学生安全教育

孙其勇　主编

王　洋　副主编

中国纺织出版社有限公司

内 容 提 要

本书由高校从事安全教育教学工作多年的专业教师精心组织编写，分别介绍了高校大学生安全教育、实验室安全、食品安全、心理安全、消防安全、公共安全、交通安全、自然灾害安全、网络安全、实习实训安全10个方面。案例鲜活，图文并茂。

本书可作为高等院校安全教育课程教材使用，也可以作为大学生自我保护、防范各类安全问题的参考用书，还可供各类社会团体、企事业单位等在应急救援工作中作为参考。

图书在版编目（CIP）数据

大学生安全教育 / 孙其勇主编 ；王洋副主编.
北京：中国纺织出版社有限公司，2024. 11. --（"十四五"普通高等教育部委级规划教材）. -- ISBN 978-7-5229-2165-5

Ⅰ．G641

中国国家版本馆CIP数据核字第2024WD3326号

责任编辑：华长印　王安琪　　责任校对：寇晨晨
责任印制：王艳丽

中国纺织出版社有限公司出版发行
地址：北京市朝阳区百子湾东里 A407 号楼　邮政编码：100124
销售电话：010—67004422　传真：010—87155801
http://www.c-textilep.com
中国纺织出版社天猫旗舰店
官方微博 http://weibo.com/2119887771
北京印匠彩色印刷有限公司印刷　各地新华书店经销
2024 年 11 月第 1 版第 1 次印刷
开本：787×1092　1/16　印张：10.75
字数：217 千字　定价：59.80 元

凡购本书，如有缺页、倒页、脱页，由本社图书营销中心调换

《大学生安全教育》编委会

主　　编：孙其勇

副主编：王　洋

参　　编：李鸿昌　任　菲　俞　晔

　　　　　魏秋江　伍晨露

大学校园安全是国家安全和社会安全的重要组成部分，对保障大学生的健康成长、维护大学生安全和大学校园和谐具有重要的现实意义。维护校园安全是全社会共同的责任。

习近平总书记指出，青年兴则国家兴，青年强则国家强。当前，我国已经进入实现中华民族伟大复兴的关键阶段，大学生作为祖国的未来、民族的希望，是推动经济社会发展的重要力量。大学是大学生成长成才的重要阵地。大学生的健康成长与安全成才，事关国家的长治久安和社会的繁荣稳定。近些年，高校规模持续扩大、数量不断增长、开放程度不断加深，随着社会现代化建设速度的不断加快，高校人员构成也日趋复杂，除教师、教辅人员、行政后勤人员和大学生外，还包括众多教职工家属、外聘人员、在校内经商人员、社会进修学员等。至此，刚脱离家庭保护，尝试独立生活的大学生，因为社会经验较少、思想单纯、安全意识较差、防范意识不强、自救能力较弱，极易成为校内外不法分子的侵害目标，高校内外安全教育势在必行。

为配合高校的安全教育工作，帮助大学生树立安全防范意识，提高自救能力，我们组织具有相关专业知识背景、工作经验的老师共同编写了《大学生安全教育》一书。本书分别从高校大学生安全教育、实验室安全、食品安全、心理安全、消防安全、公共安全、交通安全、自然灾害安全、网络安全、实习实训安全等领域全面总结了校园安全的各个方面。本书还结合实际，针对目前突出的校园贷问题、网络安全问题、求职安全问题等热点话题做了详细解读。此外，为充分调动大学生的阅读兴趣，本书结合了大量案例、相关法律法规进行讲解，并附有"知识拓展"栏目以开拓大学生安全知识视野。全书语言通俗平实，言简意赅，是一部内容详尽、可读性高、实用性强的权威读本。

俗话说："无恙即富，平安是福。"希望本书的出版能增强大学生抵御不法侵害、预防安全事故、应急逃生避险的能力，为维护高校的安全、和谐和稳定，维护师生的生命财产安全和身心健康，对高校开展正常的教育教学活动提供切实有效的帮助。

编者

2024年2月

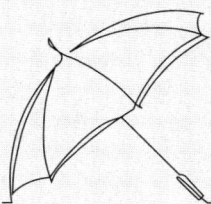

第一章
高校大学生安全教育

　　高等学校肩负着培养合格社会主义事业的建设者和接班人的任务，大学生是国家的未来、社会的栋梁、家庭的希望，需要具备较高的综合素质，而安全教育是素质教育不可分割的一部分。因此，在学好专业知识的同时，大学生还要接受必要的安全教育和安全管理，学习和掌握基本的安全知识和自我保护技能，增强防范意识，提高防范能力，具备面对突发性事件、灾害性事故的应变能力以及自我救助能力。

　　随着我国法治建设的不断深入和日趋完善，高等学校校园安全和大学生安全问题得到高度重视，大学生的安全教育与管理工作已经被纳入社会主义法治建设轨道。国家先后出台了《中华人民共和国高等教育法》《高等学校学生行为准则（试行）》《高等学校校园秩序管理若干规定》《普通高等学校学生安全教育及管理暂行规定》《高等学校内部保卫工作规定（试行）》《学生伤害事故处理办法》等一系列法律法规，各级地方政府也制定了相关的规章制度，各高校也制定了配套的校规校纪，这些法律法规、规章制度和校规校纪，既明确了学校在大学生安全管理和教育中的职责，也规定了大学生在安全管理与教育中应该享受的权利和必须履行的义务。

　　大学生作为接受高等教育的知识群体，其思维与行为模式理应具备更高的水准。从这个意义上讲，大学生应该具备更强的法制观念和法律意识，不仅要正确地了解和认识公民应该享有的权利和需要履行的义务，更要在加强社会主义民主法治建设的今天，懂得用法律规范自己的行为，懂得合理合法、适时适度地处理大学学习阶段的各类问题，以及用什么方式、通过什么途径去维护自身利益。因此，大学生熟知法规，并将其内化为自觉行动的准则，深入开展不间断的安全教育是必然路径。就大学生自身而言，很多大学生在中小学阶段并没有接受过系统的安全教育，众多大学生普遍缺乏法律和安全知识，缺乏自我保护能力，加上社会阅历浅、心理承受能力差，当遇到社会安全问题时，他们往往会不知所措。因而大学生在这一阶段思想和行为的盲动性比较突出，在受到外界刺激或遇到冲突时，很难控制好情绪并做出正确的行为选择。一旦遇到矛盾、冲突和压力，还常会出现一些心理问题和障碍，引发自我意识的缺陷，导致违法违纪甚至恶性安全事件的发生。

第一节　大学生安全教育的概念

对于莘莘学子而言，大学意味着美好而难忘的青春时光，意味着在大好的青春年华感受大学校园的独特氛围和丰富的学习生活。这一崭新的开始也意味着要学会独立生活，开始适应社会。在这一阶段，最容易被同学们忽视的恰恰就是安全问题。安全是什么？古人云"居安思危"，"安"与"危"是相对的。《现代汉语词典》对"安全"的解释是"没有危险；平安"。安全涉及大学生学习、生活的方方面面，是保障大学生完成学业、获得个人全面发展的基本条件。

一、大学生安全教育的内涵

大学生安全教育是指高校管理者和教育者以党和国家的方针、政策及法律、法规为依据，以全面提高大学生综合素质为目标，以安全责任、安全意识和安全知识为主要教育内容，通过入学教育、课程教育和日常教育等多种途径，向在校大学生普及安全意识和法制观念，使其全面系统地掌握安全知识，提高自我保护和安全防范能力。大学生安全教育的根本目标在于通过教育使学生产生安全行为，引导大学生树立正确的世界观和人生观，增强其安全意识与法制观念，提高其安全防范、自我保护和应急救护的能力，使其更好地适应大学生活并为顺利步入社会做准备，最终促进大学生的全面发展，维护社会的安全稳定。大学生安全教育涉及生活的方方面面，概括起来主要包含日常学习与生活安全、身心安全、财产安全、网络和信息安全、自然灾害安全、公共安全、户外活动安全、社会实践安全、个人行为与国家安全等。

二、大学生安全教育的特点

（一）教育性与管理性

教育和管理是相辅相成的。倘若教育失去管理的依托，就落不到实处；管理若离开教育的支持，就不能长久开展。因而，对大学生的安全教育首先要体现教育性。在校大学生要了解安全的基本知识，通过严格的管理把知识真正内化为自觉意识和自觉行为。

（二）全程性与全员性

大学生安全教育一方面要贯穿于人才培养的全过程；另一方面要高校各部门通力合作，形成全员化教育，才能收到良好的效果。

（三）预防性与经常性

大学生安全教育要贯彻预防为主的原则，努力避免大学生安全事故的发生。安全教育是一项长期的工作任务，需要天天抓、月月抓、年年抓，要持之以恒地开展下去，永不放松。

（四）系统性与规范性

高校制订大学生安全教育计划时，既要安排正规、系统的课堂教学，又要针对不同时期学生的倾向性问题安排一些安全教育活动，使安全教育系统地进行。同时，高校也需根据国家有关的法律法规，结合学校的实际情况建立健全相应的安全教育工作部门，制定各项安全管理规章制度，使安全教育走上规范化之路。

（五）多样性与创新性

在推行安全教育实践中，高校应以丰富多样、内容生动的形式进行教育，让学生在积极参与活动的同时树立安全意识，掌握安全防范技能，实现良好的教育效果。同时，高校还应利用先进的教学手段保证大学生参与的积极性，使大学生尽可能多地掌握安全知识，从而实现安全教育的目的。

三、大学生安全教育的意义

（一）安全教育是事故预防与管控的重要手段

"为之于未有，治之于未乱。"安全教育是事故预防与控制的重要手段之一。根据事故致因理论，要想控制事故，一是通过技术手段、某种信息交流方式告知人们危险的存在或发生；二是要求人在感知到有关信息后，正确理解信息的意义，即何种危险发生或存在、该危险对人会有何种伤害，以及有无必要采取措施和应采取何种应对措施等。而上述过程中有关人对信息的理解认识和反应的部分均是通过安全教育的手段实现的。

用安全技术手段消除或控制事故是解决安全问题的最佳选择。但在今天，即使人们已经采取了较好的技术措施对事故进行预防和控制，人的行为仍然要受到某种程度的制约。相对于制度和法规对人的制约，安全教育采用一种和缓地说服、诱导的方式，授人以改造、改善和控制危险的手段和指明通往安全稳定的途径，因而更容易为大多数人所接受，更能从根本上起到消除和控制事故的作用；并且通过安全教育，人们会逐渐提高自身安全素质，使得其在面对新环境、新条件时仍有一定的保证安全的能力和手段。

（二）安全教育是维护高校安全稳定的重要基石

安全教育是维护高校安全稳定工作的重要组成部分，是通过提高师生安全自觉性、提升其自我防范技能以有效预防安全事故的基础性工作，不仅关系到师生个人的健康成长和生命财产安全，还事关校园稳定和社会建设，高校安全教育至关重要。面对猖獗的校园诈骗等安全风险，师生主动寻求如何识别和避险的技能；面对心理疾患和人际交往失败，师生渴望科学的指导和积极的帮助；面对大学生自杀与他杀案件的不断攀升，师生亟须正确认识生命的价值和人生的意义。在陌生人社会日渐成型的今天，年轻大学生更需要被教会能与不能。

（三）安全教育是新时代培养高素质人才的重要内容

新时代对人才提出了新要求。新时代的人才，既要有爱国情怀，又要有国际视野；既要有青春梦想，又要有实干精神。而安全、健康是高素质人才的基础。2014年8月15日，习近平总书记在南京看望青奥会中国体育代表团时指出：“少年强、青年强则中国强。少年强、青年强是多方面的，既包括思想品德、学习成绩、创新能力、动手能力，也包括身体健康、体魄强壮、体育精神。”

高校是为国家培养和输送高质量人才的重要基地，大学生是未来参与国家建设的中坚力量，是实现中华民族伟大复兴“中国梦”的主力军。高校安全教育不仅要传授文化知识，而且要培养综合能力。

四、大学生应树立的安全意识

（一）维护国家安全的公民意识

国家，没有国哪有家？家是最小国，国是最大家。1840年鸦片战争以来，中华民族曾惨遭列强蹂躏，帝国主义列强凭借坚船利炮打开了中国闭关锁国之门，中国从此陷入半殖民地半封建社会的深渊。帝国主义列强胁迫腐败无能的清政府签订了一个个丧权辱国的不平等条约，不是割地就是赔款。国家危在旦夕，人民群众处在水深火热之中，过着颠沛流离的生活。“一唱雄鸡天下白”，1949年中华人民共和国成立，中国人民从此站立起来，一个崭新的中国屹立于世界东方。社会的兴衰，见证着国家的强弱。国兴则家旺，弱国无外交，积贫积弱就会任人欺负；唯有国家强大才能国泰民安，百姓才能安居乐业。因此，新时代每位大学生都要树立“国家兴亡，匹夫有责”的意识，在此基础上重视国家安全，主动接受国家安全教育。

（二）对校园安全状况的认知意识

校园安全状况是大学生在校期间需要关注的问题，更是大学生在校期间人身财产的重要保证。因此，每位在校大学生都需要关注校园安全状况，如宿舍内大功率电器的使用、物品失窃以及各式各样的传销和电信诈骗事件等，这些都会对学生的人身财产安全造成威胁，应引起学校领导和师生的重视。学校的安全知识讲座、安全主题班会等活动是较为常见的教育载体。在校大学生要关注校园安全问题并提高安全防范意识。

（三）遵纪守法的自律意识

当代大学生作为公民群体的组成部分，需要深刻明白遵纪守法是每位公民应尽的社会责任和道德义务，树立法律意识，做到学法、知法、守法。社会越发展，越需要有纪律。全体公民都必须遵守，任何个人、团体和组织都不能例外。即将迈入社会的当代大学生要牢固树立遵纪守法意识，将法纪条文内化为个人的自觉行动，使守法从"要我做"转变为"我要做"，自觉遵守和维护公序良俗，坚决同一切违法违纪行为作斗争，从而为个人的全面发展打下坚实的基础。

（四）积极主动的防范意识

大学校园相较于初高中来说，明显更加社会化、多样化、复杂化，不安全因素也随之增加。因此，大学阶段正是迫切需要集中加强学生安全防范意识的时候，大学生需要树立积极主动的防范意识，不断提升自身的安全意识和自我防范能力。

（五）积极应对挫折的健康心理意识

大学生遇到的挫折与大学生活环境和大学生自身特点密切相关，具有鲜明的特点。大学是一个集体生活的环境，同时也是学习压力大和竞争激烈的环境，在学习生活、自我认知、人际关系、经济来源、恋爱、求职择业、个人发展等方面经常遇到挫折。挫折并不可怕，重要的是在遇见挫折时如何迎接和调整。要勇于正视挫折，转移注意力，不断提升自我，树立积极的健康心理意识。

（六）应对灾难和突发事件的自救互救意识

随着社会的发展，人类生活与环境之间的矛盾冲突也越来越明显，由于环境的破坏，越来越多的自然灾害走进人们生活，如地震、洪涝、台风、冻害、泥石流、森林火灾，以及人为的一些突发性灾难等。因此，培养大学生应对灾难和突发事件的自救互救意识显得尤为重要。每一位大学生都需要掌握一定的自救互救措施，以更好地维护自身生命和财产安全。

第二节　高校安全教育目标任务

一、安全教育目标与任务

通过安全教育，大学生在认知态度上树立起安全第一的意识，把安全问题与个人发展和国家需要、社会发展相结合，为构筑平安人生做出自己积极的努力。在安全知识层面，大学生应当了解安全基本常识，掌握与安全问题相关的法律内容，安全问题所涉及的基本内容，对安全影响较大的社会、校园环境，了解安全保障的基本知识；在技能层面，大学生应掌握安全防范技能、安全信息搜索与安全管理技能，掌握以安全为前提的自我保护技能、沟通技能、问题解决技能等。安全教育可以引导大学生面对纷繁复杂的现代社会，树立自护、自救意识，掌握自护、自救知识，锻炼自护、自救能力。

二、高校安全教育实践进展

（一）基础性的安全教育得到普及

在对新生的教育中，学校大多会意识到进行安全方面培训的重要性。对安全意识的强调和对通用安全技能的传授成了大学生首日教育或入学第一课的重要内容。保卫部门、学生工作部门等也有意识地将对大学生的安全教育贯穿到对学生的日常管理和辅导工作中，特殊群体学生也逐渐成为大学生安全教育的重点对象。

（二）大学生安全教育的内容不断丰富

除了常见的人身安全教育、财产安全教育和消防安全教育外，像交通安全教育、大学生安全教育讲座、心理健康教育、国家安全教育和法制教育等内容也被加入进来。随着社会发展产生的热点安全教育，如反恐怖教育等，也成为大学生安全教育的组成内容。安全教育与其他学科的结合，如法律基础课程、思想道德课程、形势政策课程、心理健康课程、户外实践课程、实验操作课程等，也成了大学生安全教育中新的特色内容。

（三）大学生安全教育的形式趋向多样

高校有关部门逐渐改变了以往过于僵化的宣教形式，而是从大学生易接受的角度思考和探索，采取和运用专题讲座、组织实践、定期通报、网络宣传、张贴海报、发放材料等方式丰富了大学生安全教育的形式。

（四）安全保卫部门成为主要承担力量

随着高校安全保卫部门人员学历素养水平的提升，越来越多的大学安全教育教师出现，安全保卫部门的领导和一些新生力量开始成为大学生安全教育的主要承担力量。他们不仅组织专业人员对学生进行安全知识的讲解和安全技能的培训，更开始尝试自己来承担安全教育的主体角色。越来越多的大学生安全教育课程开始由安全保卫部门教职工授课，也有更多的保卫干部开始进行大学生安全教育方面的研究。

（五）大学生安全教育力度有所提升

高校在大学生安全教育方面的投入逐渐增多，大学生安全教育的开展数量呈现上升趋势，特定时期和活动前的安全教育也逐渐成为惯例。

三、新时代对安全教育的新要求

新时代，人类社会已进入后现代性的文明阶段，科技的高速发展和人类价值理念的多元化，在给社会文明带来丰富多彩新内容的同时也产生了更多不确定性和不稳定因素，伴随着国内外政治形势的风起云涌，社会安全稳定形势愈加复杂多变，这就要求高校培养出全方位、高素质的人才，这也对高校安全教育提出了更高的要求。

一方面，社会文明的发展是一个整体性的过程，高校在不断适应社会劳动需求、更高质量教授学生专业知识和技能的同时，还要综合培养学生的合法行为能力、社会适应能力、人际交往能力、心理调适能力、自我保护能力等一系列社会生存知识和技能，而不仅仅是单一的专业劳动技能，安全的认知理念和保障安全的技能便是其中重要的一项。

另一方面，新时代的社会科技发展基础也为高校安全教育工作的开展提供了更多的可能、更便捷的互动平台、更专业的体验道具、更生动有趣的参与模式。这些使安全教育越来越彰显出新时代、新发展的内涵和特色。

同时，一流大学和一流学科建设需要一流的校园安全文化建设，而一流的校园安全文化建设更离不开高质量的安全教育。为此，在新时代和"双一流"高校建设背景下，高校要把安全教育作为新时代育人工程的重要组成部分，强化安全教育机制顶层设计，加大安全教育研究力度，在实践探索中融入时代需求和高新科技元素，提升安全教育理论内涵和现实针对性。

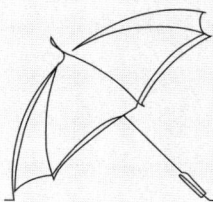

第二章
实验室安全

案例导入

【案例1】美国加利福尼亚大学洛杉矶分校（UCLA）的化学教授帕特里克·哈兰（Patrick Harran）因4年前一名23岁助理研究员西哈巴诺·桑吉（Sheharbano Sangji）的死亡被告上法庭，其面临违反健康安全标准等3项罪状。洛杉矶法院法官在4月26日下令审判此案。据悉，这是第一次在美国实验室出现一名科学家因为事故而受审的情况。2011年，哈兰被提起诉讼，马萨诸塞州纳蒂克实验室安全研究所所长吉姆·考夫曼（Jim Kaufman）说，这场法律诉讼是"规则改变者"，其将显著影响人们思考自身责任的方式，以及释放一个很清楚的信号：有坐牢的可能性。2008年12月29日，桑吉用注射器从瓶子里抽取高度易燃的叔丁基锂时，液体突然燃烧起来，烧着了她的衣服。当时她没有穿实验工作服，因此造成了三度烧伤；18天后，她在医院离世。之后，校方赔付了约7万美元的罚款，并加强了实验室的安全政策。如果罪名成立，哈兰将面临4年半的牢狱之灾，理由是未能改善不安全的实验环境和未提供适当的化学品实验安全培训。校方校长吉恩·布洛克（Gene Block）说："这场事故是一次悲剧，但不是一次犯罪。"

【案例2】2023年8月5日14时48分，陕西西安一高校实验室起火冒烟，事件起因为学校化学实验室的起火物质，卫生纸及棉签等，现场一片狼藉，烟气较大，所幸无人员被困。

【案例3】根据某大学信息公开网显示，2017年3月，某高校化学西楼一实验室发生烟雾报警，同时有学生报称在楼内听到疑似轻微爆炸声。安保队员和院系老师第一时间赶到现场，发现一学生在实验中手部受伤，立即将其送医院治疗，学生无生命危险。

【案例4】2016年9月21日，位于松江大学园区的东华大学化学化工与生物工程学院一实验室发生爆炸，两名学生受重伤，一名学生受轻微擦伤。

【案例5】2015年12月18日上午10时10分左右，清华大学化学系何添楼二层的一间实验室发生爆炸火灾事故，一名正在做实验的博士后当场死亡。事故原因为没有意识到氢气有泄漏，高温实验引发氢气爆炸。

高校实验室包括教学实验室和研究实验室。教学实验室以常规实验实践教学为主，主要针对在校生，管理模式为传统的教师演示与现场指导，只有当指导教师在场时，学生操作和安全意识才能得到保障。研究实验室承担全院的科研任务，以研究生和少量本科生为主，指导教师在场时间少，管理模式为自主型，以学生等自行操作为主，因学生之间基础知识和学科背景本身差异性较大，所以存在的问题也较多，此类实验室也是最容易发生重大安全事故的场所。安全事故种类涉及爆炸、火灾、感染中毒、腐蚀灼伤等意外事故，也偶发蓄意伤害事件。

随着我国高等教育事业的快速发展，国家和地方对高校实验室建设的投入大幅增加，实验室建设无论是从数量上还是从质量上都达到了前所未有的程度。同时，随着高校办学规模的不断扩大，学生人数增加，实验室的开放时间和使用效率不断增加和提升，进入实验室的人员多且流动性大，实验室安全工作面临的问题也越来越多，火灾、中毒、伤人和环境污染等事故时有发生。除了爆炸与火灾，实验室事故还包括触电、机伤、腐蚀、辐射等。

近年来，实验室安全事故频发，而高校科研实验室是安全事故发生的重点区域，众多安全事故都是发生在科研实验过程中，高校科研实验室安全事故不仅扰乱了高校正常的教学秩序，对高校学生生命安全造成严重危害，还造成了不良的社会影响。

高校实验室是开展学科建设、培养学生创新创业素质的重要场所，是探索未知、探求真理的学术场所，是实践育人的重要空间和载体。实验室安全与师生的生命、财产安全息息相关，是实验室管理工作的重中之重。建立高效、优质和特色鲜明的实验室安全管理体系，是保障实验教学实践创新和科学研究质量与水平、建设平安校园的前提。

拓展阅读

南京某大学实验楼爆燃致 2 死 9 伤

图 2-1　南京某大学实验楼爆燃

据南京消防官方微博消息，2021 年 10 月 24 日 15 时 54 分，南京消防 119 接到报警，位于江苏省南京市的某大学将军路校区一实验楼发生爆燃。南京消防通报称，事故造成 2 人死亡，9 人受伤。据视频图片显示，现场空中升腾起蘑菇云，伴随着噼噼啪啪的响声。爆燃位于材料科学与技术学院一实验楼，事故发生后楼栋漆黑，室内仍可见到明火（图 2-1）。

上海某知名大学实验室发生爆炸事故

2016年9月21日，位于上海松江大学园区的某知名大学化学化工与生物工程学院一实验室发生爆炸，两名学生受重伤。校方向各大院系发出紧急通知，要求迅速对所有实验室开展安全检查，吸取教训，防患于未然（图2-2）。

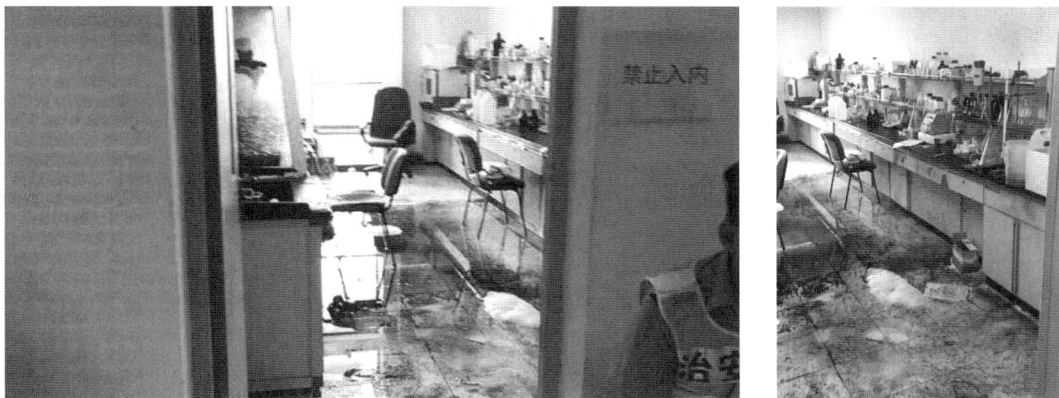

图2-2　上海某知名大学实验室发生爆炸事故

北京一重点大学实验室发生爆炸事故

2015年12月18日上午10时10分左右，北京一重点大学化学系何添楼二层的一间实验室发生爆炸火灾事故，一名正在做实验的孟姓博士后当场死亡。事故发生后，楼内及周边师生被疏散，明火被迅速扑灭，海淀区生态环境局在爆炸后两小时对现场进行检测，未发现有害气体。根据安监部门通报，爆炸是死者在使用氢气做化学实验时发生的。据了解，遇难的博士后32岁，是家中长子（图2-3）。

图2-3　北京一重点大学实验室发生爆炸事故

第一节　实验室的安全隐患

一、实验室脏、乱、差

尽管大部分高校制定了科研实验室管理制度，但由于针对学生的宣传教育不到位，学生对实验室规章制度不清楚，存在安全意识不强、安全责任心差等问题，导致有些学生在实验过程中经常拿着实验用品随意跑动，实验台面上的玻璃器皿、药品、塑胶手套等各种实验材料杂乱地混在一起。各种实验设备在实验台面随意放置，实验完毕后实验材料和玻璃器皿不及时清洗，多余的实验药品长期随意放置在实验台上，实验室台面长时间不清理，灰尘厚重，实验室地面随处可见各种实验废弃物，这些不规范行为致使科研实验室格外地脏、乱、差。

二、管理松散，制度落实不到位

科研实验室管理过程中，尽管出台了相关的规章制度，但是实验室人流量大，学生进出较为频繁，特别是硕士生、博士生在进行科学研究的时候，总有部分安全意识不强的学生进入实验室时不登记，不遵守实验室管理制度，随意在实验室之间串门，随意在科研实验室进行与实验无关的活动，甚至穿着拖鞋进入实验室、在科研实验室用餐的现象也时常出现，也有学生在未经实验室管理人员和指导教师允许的情况下私自操作实验设备，使用容易产生安全事故的特种设备。这些不遵守实验室管理制度的行为不仅严重影响了正常的科研活动，也给科研实验室管理和其他科研人员带来极大的安全问题。

三、超负荷运行，安全隐患多

高校科研实验所需药品种类多、实验项目类别多、实验探索性强、存在不确定性因素多，科研实验过程中可能产生安全事故的环节多，同时由于科研任务重、科研时间紧迫等，现阶段很多高校科研实验室基本上是夜以继日地满负荷甚至超载运行，在现有的运行模式和运行节奏下，科研人员和仪器都处于疲劳状态，极易产生安全事故。此外，科研实验室大型仪器多，实验设备功率大，使用频率高，并且高校科研实验室普遍存在讲产出、重使用、轻管理、轻保养现象。

易制毒、易制爆等管制危险化学品使用频繁；试验用仪器中电器设备较多。其中，气体钢瓶、烘箱、高压灭菌锅等仪器使用普遍且频率高，使用者出于便捷需求，电源接线不规范，仪器设备临时存放地点不合理，占用安全通道，存在消防安全风险。实验室数量较多、类型多元、功能多样、结构复杂、分布相对分散、使用相对独立，导致实验室管理人员的服务幅度宽，管理难度高。尤其是管理人员偏少，不足以满足目前实验室建设、使用、服务与管理等多层次需求，实验室安全问题日益凸显。

四、实验室人员安全意识缺乏

安全隐患也体现在师生安全意识淡薄方面，在思想认识上不够重视，心存侥幸，缺乏有效的应急处置能力。实验室安全责任人的责任落实不到位，尤其是科研实验室，实验室管理责任人为专职教师，实验人员为导师的研究生，而学校对教师的考核指标更多侧重于科研产出，导致重科研产出而轻教学和安全管理的现象较为突出，实验室安全责任人责任心不强，管理流于形式。

五、实验室常见安全隐患

（一）电

电是我们生活工作中处处可见、必不可少的能源，用电安全事故是比较常见的，我们要处处防范，未雨绸缪。首先，碰触电器开关或插座时，应保持手部干燥，不可沾水，防止水分通过开关与电路接通，造成触电事故。其次，使用电器的环境应保持干燥，远离水源。最后，使用电器时要注意有人员在旁边看管，以确保安全，切断电源人才能离开。

（二）火

火在实验室里经常被用到，俗话说"水火无情"，所以要特别小心用火，一般在用酒精灯和油浴试验时，应提前准备好湿抹布、沙子或灭火毯等。除了明火，像烤箱等这类没有明火的电器也要注意防范。万一遇到起火情况，保持冷静，切断电源、根据火势具体情况用适宜的灭火方法扑灭。

（三）爆炸隐患

爆炸的不确定性很强，实验室爆炸的新闻大家也听过很多，仔细分析这些爆炸事件不难发现，或多或少都存在人为操作不当的因素。比如，实验过程中，人员离开操作台，或者在密封性很强的空间操作强腐蚀性试剂等。不要存在侥幸心理，应防患于未然，这也是对自己的生命安全负责。

（四）化学试剂

一般会通过化学试剂瓶身颜色来辨别危险性，使用化学试剂前，一定要佩戴合适的口罩、手套、面罩等，有必要的需穿着对应的防护服，以防止意外发生。一些特别危险的化学试剂，如苯类可致癌、致死，一定要严格按照规章制度来执行。

拓展阅读

北京某重点大学实验室爆炸事故

2018年12月26日9时34分，北京119指挥中心接到北京市海淀区某重点大学东校区2号楼起火的报警。经核实，该校市政环境工程系学生在学校东校区2号楼环境工程实验室进行垃圾渗滤液污水处理科研实验期间，实验现场发生爆炸，事故造成3名参与实验的学生死亡。实验学生在使用搅拌机对镁粉和磷酸进行搅拌、反应的过程中，料斗内产生的氢气被搅拌机转轴处金属摩擦、碰撞产生的火花点燃发生爆炸，继而引发镁粉粉尘云爆炸，爆炸引起周边镁粉和其他可燃物燃烧，造成现场3名学生被烧死（图2-4）。

事故调查组认定，该大学有关人员违规开展试验、冒险作业；违规购买、违法储存危险化学品；对实验室和科研项目安全管理不到位。学校将深刻吸取沉痛教训，认真总结，举一反三，采取切实有效措施，加强安全风险防控，进一步完善各层面实验室安全管理制度，强化制度的落实和监管。

图2-4　北京某重点大学实验室爆炸事故

第二节　实验室安全预防

一、健全安全管理制度

科学、规范、有效的实验室安全管理有赖于健全的制度。针对科研实验室人流量大、人员出入实验室频繁，存在进入实验室不登记，在实验室之间乱串门及乱取、乱放、乱用仪器设备等不遵守实验室规章制度的情况。为了加强规章制度的落实，首先，实验室管理人员要加强对科研实验室的日常检查频次和检查力度，以在第一时间发现不符合实验室管理制度的行为，并及时进行登记和纠正。其次，实验室管理人员要对分类定位管理制度的落实情况负总责，督促进入实验室进行实验的师生严格遵守分类定位管理制度，实验完毕后需按照分类管理要求对实验器材和实验药剂等物品进行清理并归位，彻底解决科研实验室脏、乱、差的问题。最后，落实对学生的安全教育和惩罚措施，告知学生实验室规章制度和管理规定，并将实验室管理制度上墙，方便学生了解实验室管理规定，并要求进入实验室要先登记，实验过程中要保持整洁有序，实验完毕后及时清理实验台面并归还实验器材。对不遵守实验室管理规定的学生进行处罚，对屡次违反实验室规定并拒不改正的，禁止其进入实验室开展科研实验，直至其认识到错误，并做出遵守实验室安全规章制度的承诺后，再允许其进入实验室开展实验。

将科研实验室的管理制度、安全规范、仪器使用情况、人员信息、实验室环境等涉及实验室安全的信息数字化，建立实验室管理数字化平台，这不仅可以让师生方便地通过网络平台或手机应用程序（App）进行实验室安全知识的学习和测评、实验室使用的申请、仪器设备的预约，还可以让实验室管理人员随时随地对实验室安全状况进行跟踪，实现对科研实验室安全隐患的早发现、早处置。要在实验室信息数字化的基础上，依据实验室管理的规章制度、实验室主要风险点及风险评价方法，再依托人工智能技术，自动对实验室的水电数据、通风数据、仪器设备状态信息、实验室内温度、重点监控气体浓度等数据进行分析评估，对实验室可能产生的风险提前进行智能化预判和警示，最大限度地将实验室可能产生的风险扑灭在萌芽状态。

二、加强安全教育培训

强化"生命至上，安全第一，预防为主"的思想，提升师生安全意识，使师生认识到安全关乎人人切身利益，保护自己也是保护他人。在宣讲普及安全常识的基础上，为全面提高师生安全技能，应坚持准入培训、专项培训和日常培训相结合，实验室专职管理人员应急处置知识学习和应急处理能力培训相结合，做到覆盖全员、覆盖全程。安全培训内容一般设置实操培训内容，匹配培训学时数，注重安全文化宣传，针对学院学科特点，培训内容包括低温液体的安全使用、高压灭菌安全操作培训、放射性安全岗前培训、压缩气体的安全使用、安全检查培训、生物及转基因安全岗前培训、防火培训及演练等专题，讲解内容应以鲜活的案例为素材，避免枯燥的规定和制度宣讲，注重针对性和实践性，更具可操作性。安全教育和培训应覆盖需进出实验室的全体师生，做到安全重担人人挑。通过新生入学教育、安全专题及师生进入实验室前的安全准入考试等途径，强化实验室安全教育和思想意识；对实验室安全教育、培训、考核等全过程进行信息化管理，构建在线学习平台和考试系统，师生可以随时随地进行安全知识学习，并进行安全在线考试，通过考试

（90 分以上）方能开通实验室门禁系统。

三、加强科研实验的规范性

针对科研实验过程中出现的秩序混乱，卫生状况差，实验仪器使用不规范、维护不到位等问题，施行科研实验室规范化管理。实验前，要求指导教师和实验室管理人员向学生强调实验操作中要遵守的规范要求，如不能穿拖鞋进入实验室、实验过程中要穿实验服、使用强酸等危险药品的正确操作方法。实验过程中，指导教师要注意观察学生的实验情况，对出现的不规范操作要立即予以纠正，避免安全事故发生，对不严格按照仪器操作规程进行操作的要及时发现并予以更正。实验完毕后，要求学生对实验器材、实验药品按照实验室规定进行整理。于全过程加强对学生的监控和指导，提升学生实验过程的规范性，提高科研实验的安全性。

四、实施实验室分类管理

首先，对科研实验器材和药品实施分类管理。例如，常见玻璃器皿中烧杯作为一类，移液管作为一类，其他以此类推；药品按照酸、碱、盐、有机、易挥发、易制毒、易制爆等性质进行分类管理，做到分门别类、管理有序。其次，对分类后药品、器材进行定位管理，即对每一类物品采取固定位置存放的办法，避免因随意存放导致的混乱现象。最后，对定位后物品进行登记造册，建立药品、器材进出情况登记制度，对所有进出实验室的物品进行登记，详细记录什么人、什么时间、什么物品进出实验室以及其具体数量等信息，做到科研实验室所有实验材料使用情况及去向都有明确记录，做到实验室所有物品流转有序、轨迹清晰、可追踪溯源，提高实验室安全管理精细化程度。

教学实验室的管理，根据实际实验教学中存在的安全隐患，应着重强调实验操作细节、实验行为规范、实验步骤。例如，不在防护条件不健全的环境下开展教学活动；学生自主创新实验室管理相对复杂，未获得指导教师审核许可不得进行实验、不得单独进行实验；对于科学研究实验室，严格要求实验操作室应与药品室、学生自习室等分开，实验室内不得存放与实验无关的物品，杜绝将食品和饮料带入实验室等。结合图片、案例等解读，效果更佳。对实验室实行分类分级信息化管理，根据涉及的实验室，通过不同等级、不同类型的安全考试开通相应的实验室门禁权限。如通过生物温室的实验室培训，可以出入温室；通过色谱分析实验室培训，可以开通色谱分析实验室的门禁。未按要求完成学习并通过考试的，只能在有门禁权限人员陪同下出入该实验室，使用仪器。

五、做好常态化安全检查和监督管理

安全监督检查实行常态化管理机制。实验室安全检查是实验室安全工作的重要组成部分，实验环境中安全隐患的排查是安全工作实施的保证。学校学院对实验室安全实行定期检查、专项督查和日常巡检相结合的方式，落实问题排查、登记、报告、整改的"闭环管理"，实现安全检查的信息化和制度化。对检查中发现的问题和隐患，采用实时图片和文字的形式及时告知实验室责任人，整改后通过图片反映整改情况，按期通报检查结果，并在微信工作群中及时告知，避免安全检查流于形式、重点防护区域不清晰、安全整改责任落实不到位等问题。检查过程中，如发现存在安全隐患，要求限期整改并复查整改效果，使安全检查真正起到督促和整改的作用，基本杜绝实验过程中不穿工作服、不戴手套、不分类收集实验废弃物、乱拉电线等现象，实验室废弃物得到管控，固体有毒废弃物集中归置并交由学校统一处理，降低了事故发生概率。实验室安全检查、管理、监督只是手段，安全工作必须要有"千斤重担人人挑"的意识，要依靠每一位教师、每一位学生共同协作。

六、完善设施，精细化危险化学品的日常管理

高校实验室自查和安全专项检查，特别是对涉及特种设备、有毒有害、易燃易爆、放射性物质等危险品使用和管理的科研实验室进行安全隐患排查是减少科研实验室安全事故的有效手段。科研实验室检查重点包括药品购买是否遵守相关规定，药品进出是否进行翔实记录，以及科研实验室的气瓶、仪器设备以及线路等易发生安全事故的环节。高校实验室管理部门要邀请安全管理领域的专家定期对科研实验室进行安全隐患排查，对存在的问题要求实验室负责人员限期整改，直至安全隐患彻底消除，做到以查促建，以建保安，形成促进科研实验室安全保障能力不断提高的良性循环。

完善设施，保障到位，配备危险化学品专用储存室和剧毒品存放柜，并投入资金，为各实验楼层安装紧急喷淋装置、安全警示标识、消防栓和灭火器，为每个实验室配备气瓶柜（架）、急救箱等安全防护设施与用品，确保实验室安全防护设施齐备、齐全。危险化学品及易制毒化学品全周期管理的信息化建设。危险化学品和易制毒化学品的管理是高校生物学实验室管理的关键一环，因其所涉工作内容烦琐，亟须对危险化学品及易制毒化学品进行集中、合理、分类管理。基于信息化平台建设，针对该类试剂实验室用量少、种类多的特点，如何实行试剂全过程、可追溯的闭环管理一直是管理人员思考的问题。

育人为本，加强实验室精神文化和行为文化建设。实验室安全文化建设在实验室安全管理中具有重要作用，正确的实验室安全观和环境保护理念也是实践育人的重要内容。实验室安全文化建设的核心是精神文化建设，包括在潜移默化中实现思想引领、价值塑造，主要方法是在宣传栏、实验室墙面张贴安全知识、要求和制度，开设实验室安全课程、讲

座、报告、应急演练，以微视频、微信公众号等开展安全宣传和警示教育等，营造安全文化氛围，使安全文化深入人心。实验室人员行为规范和行为习惯是安全文化建设的最终体现，即行为文化。教师和实验室管理人员的言传身教是帮助学生养成良好实验习惯的重要途径，既要严格要求、敢抓敢管，又要明理传道、落细落小，如实验前检查安全隐患，实验操作中合理摆放物品，实验结束将物品原位归放、废液入桶、关闭水电门窗等。

> 💡 **小贴士**
>
> ### 实验室可能的安全隐患及其应对措施
>
> **［一］一氧化碳钢瓶泄漏，怎么办？**
>
> **对策**：先开门窗通风，人员走开，驱散一氧化碳气体，并切断一氧化碳泄漏源。
>
> **［二］水银温度计掉在地上摔碎，水银泄漏**
>
> **对策**：戴手套、口罩，迅速用塑料袋或者滤纸片将洒落的水银收集起来，防止水银四处滚动。人员走开，关闭室内一切加热设备电源，撒锌粉或者硫磺，然后将这些被污染的东西都装到密封袋里，写明"废弃水银"等标识性文字，送到环保部门专门处理。千万不要把收集起来的水银倒入下水道，以免污染地下水源。
>
> 水银容易由呼吸道进入人体，也可以经皮肤直接吸收，引起积累性中毒。严重中毒的征象是口中有金属气味，呼出的气体也有气味；流唾液，牙床及嘴唇上有硫化汞的黑色；淋巴腺及唾液腺肿大。若不慎中毒，应送医院急救。急性中毒时，通常用碳粉或呕吐剂彻底洗胃，或者食入蛋白（如1升牛奶加3个鸡蛋清）或蓖麻油解毒并使之呕吐。
>
> **［三］实验室一旦发生火灾，怎么办？**
>
> **诱因**：酒精灯碰翻或者酒精喷灯使用不当，可燃有机溶剂处于较高温度下燃烧，化学反应操作不当引起着火或爆炸，插座打火，电器上覆盖易燃物，夜间常开电器故障（尤其是高温设备），烟头未熄灭，加热电器忘关（如暖手宝、烧水壶、取暖器等）出现电路故障。
>
> **对策**：要根据具体情况正确地进行抢救和灭火，常用的方法如下。
>
> （1）在可燃液体燃着时，应立即拿开着火区域内的一切可燃物质，关闭通风器，防止扩大燃烧。
>
> （2）酒精及其他可溶于水的液体着火时，可用水灭火。
>
> （3）石油醚、乙醚、甲苯等有机溶剂着火时，应用石棉布或干砂扑灭。绝对不能用水，否则会扩大燃烧面积。
>
> （4）金属钾、钠或锂着火时，绝对不能用水、泡沫灭火器、二氧化碳、四氯化碳等灭火，可用干砂、石墨粉扑灭。

（5）注意电器设备导线等着火时，不能直接用水及二氧化碳灭火器（泡沫灭火器）灭火，以免触电。应先切断电源，再用二氧化碳或四氯化碳灭火器灭火。

（6）衣服着火时，千万不要奔跑，应立即用石棉布或厚外衣盖熄，或者迅速脱下衣服。火势较大时，应卧地打滚以扑灭火焰。

（7）发现烘箱有异味或冒烟时，应迅速切断电源，使其慢慢降温，并准备好灭火器。千万不要急于打开烘箱门，以免突然供入空气助燃（爆），引起火灾。

（8）发生火灾时应注意保护现场。较大的着火事故应立即报警。若有伤势较重者，应立即送往医院。

（9）遇到大火不要围观，无论距离多远，如果眼前瞬间爆炸骤亮，应迅速转身抱头寻找掩体蹲下，因为爆炸冲击波会比视觉晚一两秒到达，同时一定要远离玻璃门窗。

（10）熟悉实验室内灭火器材的位置和灭火器的使用方法。

[四] 实验中，使用回流冷凝水、自制蒸馏水等操作时，如果水流中途意外溢出；或过夜操作实验没有关闭自来水，导致夜里水压过大；或者水管意外爆裂，导致实验室出现水灾，怎么办？

对策：实验之前，一定要检查装置的安全性，设置闹钟提醒，以免忘记关水。实验室水管如果老化，要及时报修更换。一旦意外发生水灾，首先要停止一切仪器的运行，关闭实验室的总电源，关闭水管阀门或总开关；转移室内遇水易燃易爆的化学试剂，转移菌（毒）种和相关材料；对仪器设备进行消毒转移和有关防水处理。水灾过后应对实验室进行消毒清理维修和试运转，安全参数检测验证合格后方可重新启用。

[五] 过氧化物、芳香族多硝基化合物、强氧化剂等均是易爆物品，一旦发生爆炸，怎么办？

对策：实验室化学爆炸多发生在密闭容器或狭小空间内，爆炸能量较小，不会破坏建筑物或使人受伤，但可使玻璃容器、仪器炸碎，产生碎片使人受伤。化学爆炸导致玻璃容器、试剂瓶破碎，内盛可燃液体喷溅还可引发火灾，使人烧烫伤。

批量的易燃易爆化学试剂必须集中存放于化学品库，实验室内仅存有满足实验所用的少量试剂；实验剩余的易燃易爆试剂妥善保管，要加盖密封放于通风橱内，禁止将易挥发试剂放入冰箱保存。

[六] 实验过程中若感觉咽喉灼痛、嘴唇脱色或发绀，胃部痉挛或恶心呕吐、心悸头晕等症状，可能系中毒所致。应该怎么办？

对策：常用急救方法如下。

（1）固体或液体毒物中毒，有毒物质尚在嘴里的立即吐掉，用大量水漱口。

误食碱者，先饮大量水再喝些牛奶；误食酸者，先喝水，再服 $Mg(OH)_2$ 乳剂，最后饮些牛奶。不要用催吐药，也不要服用碳酸盐或碳酸氢盐。

重金属盐中毒者，喝一杯含有几克 $MgSO_4$ 的水溶液，立即就医。不要服催吐药，以免引起危险或使病情复杂化。砷和汞化物中毒者，必须紧急就医。

对于强酸性腐蚀毒物，先饮大量的水，再服氢氧化铝膏、鸡蛋白；对于强碱性毒物，最好先饮大量的水，然后服用醋、酸果汁、鸡蛋白。不论酸或碱中毒都需灌注牛奶，不要吃呕吐剂。

（2）吸入气体或蒸气中毒者，立即转移至室外，解开衣领和纽扣，呼吸新鲜空气。对休克者应施以人工呼吸，但不要用口对口法。立即送医院急救。

［七］操作仪器过程中，一旦触电，怎么办？

对策： 实验中常使用电炉、电热套、电动搅拌机等，使用电器时，应防止人体与电器导电部分直接接触、石棉网金属丝与电炉电阻丝接触；不能用湿的手或手握湿的物体接触电插头；电热套内严禁滴入水等溶剂，以防止电器短路。为了防止触电，装置和设备的金属外壳等应连接地线，实验后应先关仪器开关，再将连接电源的插头拔下。检查电器设备是否漏电应该用试电笔，凡是漏电的仪器，一律不能使用。

触电时急救方法如下。

（1）关闭电源。

（2）用干木棍使导线与被害者分开。

（3）使被害者和土地分离，急救时急救者必须做好防止触电的安全措施，手或脚必须绝缘。必要时进行人工呼吸并送医院救治。

［八］玻璃割伤，怎么办？

对策： 一般轻伤应及时挤出污血，并用消过毒的镊子取出玻璃碎片，用蒸馏水洗净伤口，涂上碘酒，再用创可贴或绷带包扎；大伤口应立即用绷带扎紧伤口上部，使伤口停止流血，立即送医院就诊。

［九］烧、烫伤，怎么办？

对策： 被火焰、蒸气或红热的玻璃、铁器等烫伤时，如果是轻度烫伤，应立即对伤口处用大量水冲洗或浸泡至少20分钟，从而迅速降温，若起水泡，不宜自行挑破，应用纱布包扎后送医院治疗。对轻微烫伤，可在伤处涂些鱼肝油或烫伤油膏或万花油后包扎。若皮肤起泡（二级灼伤），不要弄破水泡，以防止感染。若伤处皮肤呈棕色或黑色（三级灼伤），属于重度烧烫伤，不能用水冲，应尽快让伤者躺下，将受伤部位垫高，用干燥而无菌的消毒纱布轻轻包扎好，立即送医院治疗。

［十］被酸、碱、酚或溴液灼伤，怎么办？

对策：

（1）皮肤被酸灼伤要用大量流动清水冲洗（皮肤被浓硫酸沾污时切忌先用水

冲洗，以免硫酸水合时强烈放热而加重伤势，应先用干抹布吸去浓硫酸，再用清水冲洗），彻底冲洗后可用2%～5%的碳酸氢钠溶液或肥皂水中和，最后用水冲洗，涂上药品凡士林。

（2）碱液灼伤要立即用大量流动清水冲洗，再用2%醋酸或3%硼酸溶液进一步冲洗，最后用水冲洗，再涂上药品凡士林。

（3）酚侵入人体后，可分布到全身组织，透入细胞引起周身性中毒症状，直接损害心肌和毛细血管，使心肌变形和坏死。皮肤被酚灼伤时应立即用30%～50%酒精揩洗数遍，再用大量清水冲洗干净，而后用硫酸钠饱和溶液湿敷4～6小时，由于酚用水冲淡至1∶1或2∶1浓度时，可在瞬间使皮肤损伤加重而增加酚的吸收，故不可先用水冲洗污染皮肤。

（4）液溴和溴蒸气对皮肤和黏膜具有强烈的刺激性和腐蚀性。液溴与皮肤接触产生疼痛且易造成难以治愈的创伤，严重时会使皮肤溃烂。溴蒸气能引起流泪、咳嗽、头晕、头痛和鼻出血，重者可死亡。当溴灼伤皮肤时，先用大量水冲洗，再用1体积氨水（25%）、1体积松节油和10体积乙醇（95%）混合液洗涤包扎。如不慎吸入溴蒸气，可吸入氨气和新鲜空气解毒。

受上述灼伤后，若创面起水泡，均不宜把水泡挑破。重伤者经初步处理后，立即送医务室。

[十一] 酸液、碱液或其他异物溅入眼中，怎么办？

对策：

（1）酸液溅入眼中，立即用大量水冲洗，再用1%碳酸氢钠溶液冲洗。若为碱液，立即用大量水冲洗，再用1%硼酸溶液冲洗。洗眼时要保持眼皮张开，可由他人帮助翻开眼睑，持续冲洗15分钟。重伤者经初步处理后立即送医院治疗。

（2）若木屑、尘粒等异物溅入眼中，可由他人翻开眼睑，用消毒棉签轻轻取出异物，或任其流泪，待异物排出后再滴入几滴鱼肝油。玻璃屑进入眼睛是比较危险的，这时要尽量保持平静，绝不可用手揉擦，也不要让别人翻眼睑，尽量不要转动眼球，可任其流泪，有时碎屑会随泪水流出。用纱布轻轻包住眼睛后，立即将伤者送医院处理。

[十二] 实验室细菌感染或污染，怎么办？

诱因：比如，在做病原微生物相关实验时，因防护不严而使病原微生物失控，不仅会感染实验室人员，甚至可能传播到社会，引起传染病的流行。

对策：与实验无关的东西不准随意带进实验室，尤其是不能将食物、饮料、衣物等摆放在实验台上与实验材料同放。实验操作中，一定要穿实验服，戴手套、口罩，不要将长发散放，以免一边做实验、一边收头发而无意间将细菌带到自己身上。做完实验后，垃圾一定要分类处理，一定要洗手。

做完动物实验后，动物尸体不要随意丢弃，更不能食用，要集中存放于-80℃冰箱，待统一回收废弃试剂时上交处理。

[十三] 无菌操作间及超净台，需用紫外灯消毒，要防止辐射损伤。被紫外线辐射了，怎么办？

紫外线对人体的伤害与紫外线的辐射强度和辐射时间成正比，即照射剂量越大，对人的伤害越严重。人体受到短时间照射即会皮肤泛红、搔痒，起过敏性的丘疹，长时间照射会使皮肤组织受到严重的伤害，足够剂量的照射甚至会造成皮肤癌变。紫外线照射到人眼也非常有害，短时较大剂量照射会使眼睛红肿、流泪、睁不开眼，长期受到紫外线辐射会导致白内障甚至可致盲。另外，被紫外线辐射时会使空气中的氧气生成臭氧，使人产生头晕、恶心的不良反应。

对策：

（1）每周使用95%酒精棉球对紫外线灯管进行一次擦拭清洁，保持紫外线灯管清洁、无尘土、无油污。

（2）对室内空气进行消毒时，必须关严门窗，人员全部退出，每次照射时间不少于30分钟。使用有臭氧的紫外线灯消毒时，消毒结束后应充分通风换气。

（3）当室内温度低于20℃或相对湿度大于60%时，应适当延长照射时间（可延长至1个小时），以保证消毒效果。

（4）应对每支灭菌用紫外线灯建立使用记录，内容包括日期、每次消毒时间（如0.5小时或1小时）、累计消毒时间、消毒人员姓名等；每支灭菌用紫外线灯的使用寿命约为800小时，超过800小时后必须及时更换新灯管。

（5）紫外线对人体皮肤、黏膜有一定的刺激和损害作用，消毒时工作人员应避免用眼睛直视灯管，不得在灯管下长时间停留。

[十四] 实验废液处理

处理之前要充分了解废液的性质，严禁将已发生化学反应的废液混装，含重金属（络离子、螯合物）的废液应注明种类，单独存放。各类有害废液，严禁倒入下水管，特别是乙醚等挥发性溶剂，及三氯甲烷等对下水管道腐蚀严重的溶剂。

[十五] 高压仪器（如发酵罐）以及带压力实验操作（如高压高温灭菌等）安全要点

高压装置一旦发生破裂，碎片即以高速度飞出，同时急剧地冲出气体而形成冲击波，使人身、实验装置及设备等受到重大损伤。同时往往会使所用的煤气或放置在其周围的药品引发火灾或爆炸等严重的二次灾害。因此，使用高压装置时，必须遵守相关管理规定。

（1）充分明确实验的目的，熟悉实验操作的条件。要选用满足实验目的及操作条件要求的装置、器械种类及设备材料。

（2）购买或加工制作上述器械、设备时，要选择质量合格的产品，并要标明使用的压力、温度及使用的化学药品的性状等各种条件。

（3）一定要安装安全器械，设置安全设施。预判实验特别危险时，要采用遥测、遥控仪器进行操作。同时，要经常、定期检查安全器械。

（4）要预先采取措施，以使由于停电等使器械失去功能时，亦不致发生事故。

（5）高压装置使用的压力，要在其试验压力的2/3以内使用(但试压时，在其使用压力的1.5倍压力下进行耐压试验)。

（6）用厚的防护墙把实验室的三面围起来，第四面则用通风的薄墙围起。屋梁也要用轻质材料制作。

（7）要确认高压装置在超过其常用压力下使用也不漏气，倘若漏气，要防止其滞留不散，要注意室内经常换气。

（8）实验室内的电气设备，要根据使用气体的不同性质选用防爆型等合适设备。

（9）实验室内仪器、装置的布局，要充分考虑到事故发生，要将其所造成的损害限制在最小范围内。

（10）在实验室的门外及其周围，要挂出标志，以使局外人也清楚地知道实验内容及使用的气体等情况。

（11）由于高压实验危险性大，所以必须在熟悉各种装置、器械的构造及其使用方法的基础上谨慎地操作。如果有不明白的地方，可参阅有关专著或向专家请教。

第三章
食品安全

案例导入

【案例1】2022年3月15日晚，央视3·15晚会曝光湖南岳阳插旗菜业等5家蔬菜加工企业生产的"土坑酸菜"卫生状况堪忧，脚踩酸菜、乱扔烟头……镜头记录现场触目惊心。一时间，"土坑酸菜"词条登上社交媒体热搜。

【案例2】2022年3月15日，"双汇生产车间乱象"的话题登上微博热搜，引发公众广泛关注。有媒体报道南昌双汇公司生产车间"工作服发黑发臭、猪排落地直接装袋入库、消毒环节太随意、风淋系统形同虚设……"等问题。15日晚间，南昌双汇食品有限公司官网发布声明，就媒体报道的食品安全问题致歉，并称对相关责任人进行停职处理、对问题产品溯源并封存管控。

【案例3】继临期食品之后，一种"边角料食品"又在网络上悄然走红，成为不少年轻人眼中的"省钱宝藏"。记者调查了解到，从肉脯片、毛肚边、火腿碎，到米饼块、面包边、饼干条，各大平台博主们极力推荐的边角料食品看似性价比高，实则鱼龙混杂，且散装存在一定的食品安全风险。

【案例4】2021年4月7日、4月29日、5月7日、5月8日，定西市市场监督管理局在国家食品安全抽样检验信息系统共收到由甘肃省食品检验研究院出具的四份检验报告，显示某公司生产日期为2021-03-05的臻品醋（800mL/瓶）经检验菌落总数项目不符合《食品安全国家标准 食醋》（GB 2719-2018）要求，检验结论为不合格；生产日期为2020-09-10的麦麸醋（规格为300mL/袋）经抽样检验，总酸（以乙酸计）项目不符合产品明示（≥3.5g/100mL，为国家标准），不挥发酸（以乳酸计）项目不符合《酿造食醋》（GB 18187-2000）要求，检验结论为不合格；生产日期为2020-10-27的手工麸醋（规格为2.5L/桶）经抽样检验，不挥发酸（以乳酸计）项目不符合《酿造食醋》（GB 18187-2000）

要求、菌落总数项目不符合《食品安全国家标准 食醋》（GB 2719-2018）要求，检验结论为不合格；生产日期为2021-01-12的臻品醋（规格为800mL/瓶）经抽样检验，不挥发酸（以乳酸计）项目不符合《酿造食醋》（GB 18187-2000）要求，检验结论为不合格。

食品安全指食品无毒、无害，符合应当有的营养要求，对人体健康不造成任何急性、亚急性或者慢性危害。根据倍诺食品安全定义，食品安全问题是"食物中有毒、有害物质对人体健康影响的公共卫生问题"。食品安全也是专门探讨在食品加工、存储、销售等过程中确保食品卫生及食用安全、降低疾病隐患、防范食物中毒的一个跨学科领域，具有重要意义。

食品(食物)的种植、养殖、加工、包装、储藏、运输、销售、消费等活动应符合国家强制标准和要求，不存在可能损害或威胁人体健康的有毒有害物质以及导致消费者病亡或者危及消费者及其后代的隐患。该概念表明，食品安全既包括生产安全，也包括经营安全；既包括结果安全，也包括过程安全；既包括现实安全，也包括未来安全。

食品安全关系人民群众身体健康和生命安全，关系经济发展和社会稳定。党中央、国务院历来把保护人民群众身体健康和生命安全放在第一位，十分重视食品安全监管工作。近年来，食品安全问题已成了社会普遍关心的重要话题，加强学校食品安全风险分析和预警，对预防食品安全问题、加强食品安全管理、保障食品安全具有重要意义。常见的食品安全风险类型，主要有以下三种：一是生物性。生物性风险主要出现于食品的种植、加工、贮藏、烹调环节，直接后果是引起食物中毒。生物性风险的内容主要有病毒、致病性细菌、藻类、原生动物及其他生物产生的毒素。二是化学性。也是出现在食品的种植、加工、贮藏、烹调的全过程，会引起急性的或慢性的中毒，严重的甚至会致癌。风险的主要内容是一些食品添加剂、农药残留、兽药残留、天然毒素、环境污染物等。三是物理性。主要出现在食品加工过程中，会带来一些物理性伤害、伤亡或引发某些疾病。风险的内容是食品或食品原料本身携带的，或者加工过程中引入的尖锐物品、硬的物质，对人体造成伤害。

拓展阅读

"400多人赴喜宴，近百人中毒"，当地通报！

据山西临汾曲沃县人民政府网站消息，曲沃县市场监督管理局2023年9月19日发布《关于网上"400人赴喜宴近百人中毒"相关网贴的回复》：

经调查，2023年9月7日中午，在曲沃宾馆参加宴席的人数470余人。自9月8日下午起至9月12日，曲沃县人民医院陆续接诊腹泻患者61人（其中：住院9人、门诊52人），均有参加曲沃宾馆该场宴席的经历。截至9月17日所有患者均已痊愈。目前，我们正在协同配合、追根溯源，调查处理结果将及时向社会公布。

第一节 食品安全隐患

一、食品安全存在的隐患

食品是人类赖以生存和发展的重要物质之一，食品质量优劣直接关系到人民群众的身体健康甚至生命安全。随着人民生活水平的不断提高，人民群众对食品的质量提出了更高的要求，食品安全问题成了人们极为关注的问题之一。食品污染事件及群体食物中毒事件的不断发生，引起了我国政府及有关部门的高度重视。

食物中毒是由进食被细菌及其毒素污染的食物，或摄食含有毒素的动植物如毒蕈、河豚等引起的急性中毒性疾病。变质食品、污染水源是主要传染源，不洁手、餐具和带菌苍蝇是主要传播途径。食物中毒的特点是潜伏期短、突然地和集体地暴发，多数表现为肠胃炎症状，并和食用某种食物有明显关系。临床表现为起病急骤，伴有腹痛、腹泻、呕吐等急性肠胃炎症状，常有畏寒、发热，严重吐泻可引起脱水、酸中毒和休克。

常见的食品安全风险隐患主要有以下几种。

（一）细菌性食物中毒

人们在摄入含有细菌或细菌毒素的食品时，容易造成食物中毒。食物被细菌污染主要有以下几个原因。

（1）禽畜在宰杀前就是病禽、病畜。

（2）刀具、砧板及用具不洁，生熟交叉导致感染。

（3）卫生状况差，蚊蝇滋生。

（4）食品从业人员带菌，污染食物。

（5）食品腐败变质。

（6）食品没烧熟。

（7）食品保存不当。

（二）真菌毒素中毒

真菌在谷物或其他食品中生长繁殖产生有毒的代谢产物，人和动物食入这种毒性物质发生的中毒，称为真菌性食物中毒。

真菌毒素中毒发生主要通过被真菌污染的食品，用一般的烹调方法加热处理不能破坏食品中的真菌毒素。

真菌生长繁殖及产生毒素需要一定的温度和湿度，因此中毒往往有比较明显的季节性和地区性。

（三）动物性食物中毒

食入动物性中毒食品引起的食物中毒即为动物性食物中毒。动物性中毒食品主要有两种。

（1）将天然含有有毒成分的动物或动物的某一部分当作食品，误食引起中毒反应。

（2）食用在一定条件下产生了大量有毒成分的可食的动物性食品，如食用鲐鱼等可引起中毒。

近年来，我国发生的动物性食物中毒主要是河豚鱼中毒，其次是鱼胆中毒。

（四）植物性食物中毒

植物性食物中毒主要有3种。

（1）将天然含有有毒成分的植物或其加工制品当作食品，如桐油、大麻油等引起的食物中毒。

（2）将在食品的加工过程中未能破坏或除去有毒成分的植物当作食品食用，如木薯、苦杏仁等。

（3）在一定条件下，不当食用大量含有毒成分的植物性食品，如食用鲜黄花菜、发芽马铃薯、未腌制好的咸菜或未烧熟的扁豆等造成中毒。

一般由误食有毒植物或有毒的植物种子，或烹调加工方法不当，没有把植物中的有毒物质去掉而引起。最常见的植物性食物中毒为四季豆中毒、毒蘑菇中毒、木薯中毒；可引起死亡的有毒蘑菇、马铃薯、曼陀罗、银杏、苦杏仁、桐油等。植物性中毒多数没有特效疗法，对一些能引起死亡的严重中毒，尽早排出毒物对中毒者的预后非常重要。

（五）化学性食物中毒

化学性食物中毒主要包括3种。

（1）误食被有毒害的化学物质污染的食品。

（2）因添加非食品级的、伪造的或禁止使用的食品添加剂、营养强化剂的食品，以及超量使用食品添加剂而导致的食物中毒。

（3）贮藏等原因造成营养素发生化学变化的食品，如油脂酸败造成中毒。

食入化学性中毒食品引起的食物中毒即为化学性食物中毒。化学性食物中毒发病特点是：发病与进食时间、食用量有关；一般进食后不久发病，常有群体性，病人有相同的临床表现；剩余食品、呕吐物、血和尿等样品中可测出有关化学毒物。在处理化学性食物中毒时应突出一个"快"字！及时处理对挽救病人生命十分重要，同时对控制事态发展，特别是在群体中毒和一时尚未明确化学毒物时更为重要。

二、常见的食品安全管理隐患

（1）规章制度落实不到位。

（2）采购索证登记不全。

（3）食品留样与餐具消毒问题。

（4）餐饮服务人员健康管理有盲区。

（5）食品机械设备安全隐患。

三、食品安全的危害

食品安全的危害主要包括3个方面。

（一）生物性危害

主要包括由微生物、寄生虫、昆虫等引起的危害。微生物包括细菌、真菌和病毒，其中细菌的污染最为普遍。常见的致病菌包括金黄色葡萄球菌、沙门氏菌、变形杆菌、副溶血性弧菌、致病性大肠杆菌、蜡样芽孢杆菌、肉毒梭状芽胞杆菌等。这些细菌可以引起食品腐败变质，或通过感染人体细胞导致食源性疾病，如腹泻、呕吐、肠热症、急性肠炎、肺炎、心包炎、脑膜炎、流产、败血症等。

（二）化学性危害

主要包括重金属、自然毒素、农用化学药物等。重金属如汞、镉、铅、砷等，可通过食品中的途径（如农用化学物质的使用，工业三废的污染，食品加工过程中使用的机械、管道、容器和食品添加剂中含有毒金属）进入人体，对人体健康造成长期危害。自然毒素如发芽马铃薯中的龙葵毒素、鱼胆中的$5-\alpha$鲤醇、霉变甘蔗中的$3-$硝基丙醇等，可通过食物本身或细菌、霉菌在食品中繁殖过程中产生的毒素导致中毒或致人死亡。

（三）物理危害

物理危害是指在食品中发现的不正常有害异物，人们误食后可能造成身体外伤、窒息或其他健康问题。比如食品中常见的金属、玻璃、碎骨、头发、硬币等异物对人体的伤害。

物理危害主要来源于以下几种途径：植物收获过程中掺进玻璃、铁丝、铁钉、石头等；水产品捕捞过程中掺杂鱼钩、铅块等；食品加工设备上脱落的金属碎片、灯具及玻璃容器破碎遗留的玻璃碎片等；畜禽在饲养过程中误食铁丝，畜禽肉和鱼剔骨时遗留骨头碎片或鱼刺。

以上危害对人类健康构成严重威胁，因此食品生产企业必须对食品安全危害进行严格控制，以确保产品质量和维护消费者健康。

四、食品安全隐患表现形式

（一）标识标注不实

食品安全隐患中的标识标注不实是指食品标签上未按照规定的方式和内容进行标识，这可能是标签设计不准确、印刷质量差、信息传递不及时等导致的。食品标识不实会影响消费者的知情权和选择权，甚至可引发食品安全事故。因此，在选购食品时应该仔细检查食品标签，确保其标识信息准确无误。

（二）食品造假

食品造假是全球问题，其严重性体现在食品产地标识、质量控制和消费者保护方面。不法商家利用消费者"无力分辨"或"无意分辨"，宣称是"正宗"或"品牌"商品，卖的却是赝品，这种行为不仅对消费者身体健康造成直接危害，还对食品安全构成了严重威胁。

（三）生产过程卫生条件控制不严

食品安全隐患之一是生产过程中卫生条件控制不严。例如，在生产过程中没有严格执行卫生标准，如未进行食品消毒、食品添加剂未正确使用等，都可能导致食品安全问题。

（四）兽药残留问题

兽药残留问题主要是牲畜在运输、存储和饲养过程中的药物残留问题，以及将药物残留在畜肉和畜产品中。如果这些畜产品进入食品流通市场，就会对消费者健康造成威胁。

（五）微生物污染

微生物污染是食品安全隐患之一，包括食源性致病菌、食源性寄生虫、食源性病毒等。在食品生产过程中，使用防腐剂、添加剂和食品卫生设施等可以防止微生物污染。

（六）重金属污染

重金属污染对食品安全性的影响非常严重，它属于化学污染的范畴。重金属污染以镉污染最为严重，其次是汞、铅等。这些金属在体内有蓄积性，半衰期较长，能产生急性和慢性毒性反应，存在致畸、致癌和导致突变的潜在危害。目前在我国，铅污染对儿童的危害较为严重。

（七）真菌毒素

真菌毒素是一种耐高温的化学毒素，可能影响人体肝脏、肾脏或免疫系统。它是由特定的霉菌产生的。如制作月饼需要谷类食材，一旦有霉菌滋生，月饼就可能被真菌毒素感染。

（八）冰箱长期不清理

冰箱长期不清理，食物容易腐败变质，容易发生细菌性食物中毒和肠道传染病。

（九）塑化剂污染问题

塑化剂污染问题主要涉及企业管道、设备、容器以及包装材料，尤其是瓶盖、垫片等是否使用含塑化剂的材料。

（十）切菜时候生熟不分

切菜时候生熟不分是食品安全隐患之一。有些人可能在切菜时没有注意掌握生熟的程度，未将生熟食材分开，导致食物中毒。解决方法是先切熟的食材，后切生的食材，并使用不同的案板和刀具。在切菜时要注意掌握生熟的程度，先洗一下案板和刀具，彻底清洗后才能切其他食材。

（十一）农药残留

农药残留会在植物种植与动物养殖过程中造成食物源头的污染问题，全国每年氮肥的使用量高达2500万吨，农药超过130万吨，单位面积的使用量分别是世界平均水平的3倍和2倍。这也带来了我国食物源头的污染问题。

（十二）病原微生物控制不当

食品安全隐患中的病原微生物控制不当主要表现在食品的原料和加工程度，以及食品加工制造过程和包装储运过程中的控制不当。例如，食品加工过程中缺乏卫生控制措施、加工工具和设备不清洁、储存条件不当等都会导致病原微生物的滋生和繁殖。此外，食品的原料和加工程度不够，如食品中添加过期或变质物质、加工过程中温度控制不严格，也会增加食品中病原微生物的含量。

（十三）消毒隐患

消毒隐患主要包括消毒液浓度过高、使用不当、存储不当等。

（十四）油壶长期不洗

油壶长期不洗会导致油污的积累和致癌物质的产生，对人体健康造成潜在威胁。

（十五）化学性危害

化学性危害是食品安全隐患之一，包括重金属、自然毒素、农用化学药物、洗消剂等。

（十六）防腐剂

防腐剂是食品中常用的添加剂，它能够延长食品的保质期，抑制细菌的生长和繁殖，从而保持食品的口感和营养成分。然而，一些防腐剂也会产生一些风险隐患，如山梨酸、苯甲酸、硫氯酸盐、过氧化氢等。这些物质能够破坏食品中的蛋白质、脂肪和其他营养物质，导致食品变坏。因此，在使用防腐剂时要注意方法和用量，以确保食品安全。

（十七）面包改良剂曲酸超限量

面包改良剂曲酸超限量，指的是使用超过40mg/kg的曲酸来改善面包的口感和质地。这种做法可能带来食品安全隐患，因为曲酸超限量可能导致食物中的营养物质超标，甚至增加食品中其他成分的含量，从而升高食品的毒性和不安全性。因此，在制作和食用面包时，应当注意控制曲酸的含量，以保证食品安全。

（十八）滥用非食品加工用化学添加物

滥用非食品加工用化学添加物对食品安全造成严重影响，包括破坏食品营养成分、增加食品致敏性和食品中毒的风险。同时，滥用非食品加工用化学添加物还与环境污染和健康问题有关。

（十九）混入含河鲀毒素等生物毒素的食品

混入含河鲀毒素等生物毒素的食品是指未对食品原料进行严格筛选，导致其中含有河鲀、刺龟、云斑裸颊虾虎鱼、加州蝾螈、织纹螺等含有生物毒素的食品。

（二十）腐败变质的食物

腐败变质的食物对人体健康造成严重威胁。这些食物通常含有细菌、病毒、霉菌等微生物，因此在一定条件下会腐败变质。食物变质后，不仅口感变差，而且含有有害物质，如亚硝酸盐、毒素等。所以，食用腐败变质的食物对人体健康非常不利。

拓展阅读

湖南150多名学生疑营养餐牛奶中毒

2013年6月25日晚，湖南省涟源市仙洞中学发生学生食物中毒事件，多名学生出现腹泻呕吐。150多名学生送至医院检查，27人留院观察。据悉，中毒疑与学校派发的营养餐中的牛奶有关。事故发生后，涟源市委、市政府根据涟源市食品安全事故应急预案规定，立即启动了四级响应，并明确要求医疗机构对疑似中毒学生进行全面认真检查和治疗，相关部门迅速组织精干力量开展调查工作。

安徽一学校发生食物中毒事件细节曝光，3人被拘留

2021年9月17日晚，安徽省濉溪县临涣中心学校发生疑似食物中毒事件，上百名学生出现身体不适，3人涉嫌毁灭证据已被警方拘留。承包该学校食堂的山东松乔餐饮管理有限公司告诉极目新闻记者，该公司正在跟进处理。事情发生后，当地的有关部门高度重视，立刻组织了医院专家赶往学校进行救治，连夜开展了事件的调查工作，将当晚食堂的可疑食品封存送检。经过专家的调查和核实，综合患者的症状，截至次日，已经判定23名同学患食源性疾病。目前，这23名同学已经痊愈，剩余的90名同学在经过观察后也已经脱离危险，纷纷返家或返校（图3-1）。

图3-1　安徽一学校食物中毒事件

第二节　食品安全预防

学校是人员高度聚集的场所，学生和教师的健康状况直接关系着学校的安全和稳定，加强学校的食品安全尤为重要。因此，必须加强对食品安全的风险分析和预警，为食品安全管理提供必要支持。

（1）完善监督制度。

（2）对食品安全风险量化分级管理。

（3）实行综合协同评价预警机制。

（4）建立完善的风险预警机制。

（5）从业人员健康状况和卫生习惯的监管。

（6）用火、用电、用气等安全监管。

（7）制订食物中毒事件应急处置预案。

第四章
心理安全

案例导入

【案例1】2011年1月20日凌晨，北京通州区东关大桥北侧百米处，某大学研二女生小聂跳河溺亡。事发前，小聂曾发短信告知舍友："明天看不见我，就来河边找我"。舍友于清晨看见短信并报警。据知情人士透露，其遗书自曝患抑郁症，因生活压抑才选择跳河来结束自己的生命。

【案例2】2011年3月23日，海南某大学一位三年级学生杨某留下3封遗书后，从某国际大厦C栋12层跳下，摔到3楼的天台后身亡。据警方初步认定，杨某患有抑郁症，一直在服用药物治疗。3月23日，杨某没来参加学校组织的考试，后来大家才得知他带着白酒，留下3封给家人的遗书后跳楼自杀。

【案例3】2011年1月16日凌晨5时许，上海某大学的嘉定校区内，一名学生从宿舍楼坠楼身亡。从校方得知，坠亡者为一名20岁左右的叶姓男生，目前已排除他杀可能。网友事后在学校的网络论坛上发现，有一封疑似死者留下的遗书，称因厌恶学习，从优等生变成差等生，愧对父母而选择结束生命。

当下，大学生总体心理状况是比较良好的，大多数大学生都积极向上、自信乐观、意志力强、求知欲强、敢于拼搏、善于交际。然而，随着近年来教育改革的不断深化，大学生逐渐走到了社会的中心，其经受的压力越来越大，价值取向也越来越多元化，部分大学生开始在复杂的环境变化面前无法进行良好的心理调节，因而出现一些心理失衡现象，心理问题也随即出现。根据相关调查数据显示，目前我国有20%~30%的大学生存在不同程度的心理问题，而80%以上的大学生表示自己曾经出现过心理问题，并且此数字呈逐渐上升的趋势。所谓心理问题，主要指的是人在适应环境的过程中因种种内外因素而引起的心理异常现象或者主观困惑状态，根据其严重程度，可以将心理问题分为三个等级：一般心理问题、心理障碍及心理疾病。

近些年来，高校人身意外伤害、非正常死亡的案例逐年增多，很多是由于不同的心理问题造成的悲剧。大学生作为社会中的一个特殊群体，其心理问题主要是由于家庭、环境、学习、社会择业、人际交往以及自我意识等因素造成的。通常情况下，大学生的心理问题主要表现为强迫、紊乱、抑郁、孤独、自卑、紧张、担忧及以自我为中心等。多数大学生的心理问题都比较轻微，属暂时性的，但如果没有得到及时有效的解决和排遣，就可能会演变为抑郁症、焦虑症、强迫症、精神衰弱、人格偏执等心理障碍，若此时仍未进行专业的心理咨询，得到专业的心理辅导，将可能发展成为更加严重的心理异常现象，即精神疾病。当大学生出现以上心理问题时，可能引发自杀、伤人、犯罪等安全事件，其后果非常严重。

第一节　大学生常见的心理问题

一、焦虑

在大学阶段，大学生逐渐走向独立，需要自己面对的问题有很多。这个时候，焦虑感随之而来。正常的压力和焦虑是没有问题的，但是如果超过一定范围，就属于心理问题，需要及时改善。随着心理上的焦虑程度加深，身体上可能也会出现一些反应。在这种情况下，要学会疏解自己的焦虑情绪。

二、抑郁症

抑郁症是目前常见的心理问题之一，不管是大学生群体还是其他社会人员，都存在抑郁症的风险。抑郁症往往是因为个人的精神压力过大，从而导致情绪较为低落，久而久之，容易对生活丧失希望。当出现抑郁倾向的时候，一定要多和身边的人诉说，尝试重新找回生活的希望。

三、自卑心理

其实，自卑心理是每个阶段都容易存在的心理问题，到了大学阶段可能会更为明显，自卑往往是由多重原因造成的，首先可能和原生家庭有关，其次和自己的性格有关，性格内向的人更容易产生这种心理。此外，个人的经历也容易造成自卑心理。自卑的人大多比较悲观，认为自己比不上别人。当出现这种心理的时候，要学会自我调节，善于发现自己的优点。

四、社交恐惧

社交恐惧似乎是非常热门的一个话题。在大学校园中，和各种各样的人交往是一门必修课。但是有很多人喜欢长期处在自己的舒适圈里，不愿意走出宿舍和其他人交往，在与人交流的时候，也会产生比较紧张的心理。有这种心理并不可怕，重要的是要去克服这种恐惧，慢慢地融入集体中。

第二节　大学生心理安全隐患

一、大学生心理安全隐患存在的客观方面

各种竞争机制的引入及日益严峻的就业形势，使大学生面临的压力越来越大，这对其思维方式和观念都产生了巨大的影响，表现为心理上的不适。高校学生人数众多，但高校学生管理工作不到位，致使学生中的"异常情况"不能被及时发现和解决。由于种种客观因素导致的学生心理问题，易引发情绪色彩十分强烈的校园安全事故，如震惊全国的"2004 年云南大学马加爵案"。

二、大学生心理安全隐患存在的主观方面

主观方面包括大学生自身主观心理的严重失衡及自身心理适应、心理调节等方面的障碍。心理问题的产生，除了与学习、就业、经济压力、家庭及周边生活环境的变化等复杂的外部环境有关，与大学生主观应对情感挫折、心理障碍、生理疾病的调控能力密切相关外，还与大学生缺乏自信、依赖性强，相对独立性较弱，攻击行为、强迫倾向的发泄性和攻击性心理等心理安全问题有关。

三、大学生心理安全隐患主要表现

（一）自卑心理

自卑感是一种不能自助的复杂情感。有自卑感的人轻视自己，认为无法赶上别人。当

前，一些大学生或多或少都存在自卑情绪，有的因为自身的长相不好或者身体存在缺陷而产生自卑，有的因为家庭条件不好而产生自卑，有的因为对自身能力不满意而产生自卑，等等。

（二）冷漠心理

通过对比分析近几年的数据，发现现在越来越多的犯罪大学生具有相同的心理特点——冷漠。主要表现为以下几个方面：第一，对国家和社会的重要和热点新闻漠不关心，觉得国家和社会的命运与自己没有什么关系。第二，对现实中的人际关系漠不关心，常常在人际关系上表现出抵触心理。第三，对自己的前途命运漠不关心，生活态度比较消极，对生活有得过且过的心理。这种冷漠心理长期在生活中不断积累，往往导致大学生自身心理比较脆弱、脾气暴躁、容易冲动、自卑心强以及人际关系缺失。久而久之，容易导致大学生走上犯罪的道路。

（三）嫉妒失衡心理

随着市场经济的高速发展，贫富差距的出现，一部分人产生了仇富和嫉妒心理。尤其是在大学校园中出现了攀比心理和嫉妒心理，对社会的不良现象不能很好地进行识别，为了满足自己的虚荣心而走上犯罪的道路。

（四）追求刺激的心理

结束高压紧张的高中生活，进入大学校园，在学习压力大幅减轻和课余时间日益增多的情况下，大学生接触社会、网络游戏等各种不良媒介的时间、强度和频率增加，导致部分大学生生活空虚无聊，逐渐开始沉溺于网吧等娱乐场所，为了寻求刺激、满足虚荣心，往往容易受到金钱的诱惑走上违法犯罪的道路。大学生由于长期生活在竞争激烈的大学校园里，自我身心调节能力较弱，经常会出现一些心理问题或心理障碍，而这些心理问题往往被忽视，由于心理压力既没有正确释放，又得不到及时的矫正，因而出现各种不良行为。

四、大学生心理安全危机的成因

心理危机的概念由美国心理学家G.卡普兰（G. Caplan）首先提出。心理危机是当个体面临突然或重大生活事件（如亲人去世、婚姻破裂、天灾人祸等）时表现出来的一种心理失衡状态。每个人都在努力保持一种内心的稳定状态，使自身与环境稳定协调，当重大问题或剧烈变化是个体感到问题难以解决时，平衡就会被打破，正常的生活受到干扰，内心的紧张就会不断积累，出现无所适从甚至思维和行为紊乱的局面，最后导致一种失衡的状态。

当大学生不能用现有的应对方法来处理面临的危机事件时，就会产生心理危机。究竟有哪些因素影响大学生个体应对危机的方式和结果呢？个体对事件的知觉、社会支持系统、事件的应对机制、个体的人格特征、干预危机的信息获得渠道和可信程度、个体适应所处环境的能力等都会影响心理危机的解决。

（一）心理危机的表现

当个体面对危机时，会产生一系列身心反应，一般危机反应会维持6～8周。危机反应主要表现在生理、情绪、认知和行为上。

1.生理方面

有肌肉紧张、胃肠不适或腹泻、食欲下降、头痛、疲乏、失眠、做噩梦、易受惊吓、感觉呼吸困难或窒息等生理反应。

2.情绪方面

孤独、紧张、不安、愤怒、烦躁、自责、恐惧、怀疑、不信任、沮丧、忧郁、悲伤、过分敏感或警觉、无法放松、绝望、无助、麻木、否认孤独、害怕死去、持续担忧家人安全等。

3.认知方面

注意力不集中，缺乏自信，无法做出决定，健忘，效率降低，不能把注意力从危机事件中转移出来等。

4.行为方面

社交退缩、逃避与疏离，不敢出门，容易自责或怪罪他人等。

（二）心理危机的分类

1.发展性心理危机

发展性心理危机是指大学生在大学学习期间发生的涉及生理、心理发展变化的心理危机，这是大学生生命中的重要转折点，每次危机的解决都是大学生生命成熟和自我完善的重要阶梯，表现为新生适应心理危机、人际交往心理危机。发展性心理危机有三个特点：一是变化剧烈、持续时间较短；二是容易产生一些消极现象，如厌学、人际冲突、情绪激动等；三是独立自主性增强，逐步走向成熟阶段。

2.境遇性心理危机

境遇性心理危机指突如其来的、无法预料的、难以控制的事件引起的心理危机，主要由外部环境造成，如遇到突发的外部事件引起的心理危机或者突然受到侵犯、恐怖事件而引起的危机。

3.存在性心理危机

存在性心理危机指大学生因为人生的存在性问题而产生的心理危机，即对人生未来的思考、现实与理想的差距等，大学期间会对自己的前途命运的思考特别集中，成功解决会对大学生的世界观、人生观、价值观的正确树立产生重大影响。

第三节　大学生心理安全预防

大学生性格复杂、心理特征各异，并以独特的方式体现在每一个学生的身上，影响每一个学生的精神生活。现在的大学生多处于高中到大学的转型期，需要一个适应过程，并容易受到周围环境的影响。关注学生心理健康，促进学生健康成长，培养其完善的人格、独立的个性、健康的心理、强烈的社会责任感，促进其全面发展十分重要，这是提高学生综合素质的必然要求；也是进一步引导大学生在成长道路上不断完善自己，树立正确的世界观、人生观、价值观和安全观，提高识别能力、适应能力和自我保护能力的必然要求。

我国有几千万在校大学生，维护学校的安全稳定，也就是维护社会的安全稳定。加强大学生心理健康教育，不仅是当前社会形势所必需的，也是培养社会需要的高素质合格人才所必需的。人格健全的高素质人才关系到社会主义现代化建设事业的前途与命运，也关系到国内、校园的安定。因此，加强对在校大学生心理健康教育，普及心理健康知识，提高大学生心理健康安全防范意识和保护能力，成为对在校大学生进行素质教育亟待解决的问题。

一、关注大学生心理危机

大学生是心理危机的高危人群，对高危人群要给予重点关注。

（一）开展心理筛查

在心理健康测评中注意筛查有心理障碍或心理疾病或自杀倾向的人员，对这些人员要重点予以关注。

（二）发现情况异常

大学生在遭遇突然打击和受到外界意外刺激后，心理或行为出现异常情况。如家庭发生重大变故、重大疾病、感情受挫、受到侮辱、受到惊吓，或与他人产生严重人际关系的冲突后，往往会出现此类情况。

（三）发现行为异常

大学生在学习压力、就业压力特别大，或对外界环境不适应时，出现行为异常现象。

（四）发现社会异常

大学生因网络成瘾严重，影响其语言表达和社会功能减退的行为。

（五）发现性格异常

大学生因性格内向、家境贫困、生活来源困难等，出现性格异常的现象。

（六）发现心理异常

大学生因有严重的心理疾病（如抑郁症、恐惧症、强迫症、癔症、焦虑症、精神分裂症、情感性精神病等），出现心理异常的现象。

（七）发现表现异常

对近期出现以下预警讯号的大学生，要予以重点关注，并进行危机评估与干涉。一是谈论过自杀并考虑过自杀方法，包括在信件、日记、图画或乱涂乱画的只言片语中流露出死亡念头者。二是不明原因突然给家人或同学、朋友送礼物，请客、赔礼道歉，无端致以祝福、述说告别的话等行为明显异常者。三是情绪突然明显异常者，如特别烦躁、高度焦虑、恐惧、易感情冲动，或情绪异常低落，或情绪异常低落变为平静，或饮食、睡眠受到严重影响者等。

二、大学生心理危机干预

（一）确定危机问题

从求助者的角度看，确定和理解求助者遇到的问题。为帮助确定危机问题，建议在危机干预开始时，采用积极倾听的方式，共情、理解、真诚接纳及尊重求助者，既要注意求助者的言语信息，也要注意其他非语言信息。

（二）保证求助者安全

保证求助者对自我和对他人的生理和心理危险性降到最低可能性，这是危机干预全过程的首要目标。求助者的安全问题一直是被强调的重点，要使大学生和危机干预者把安全问题融入自己的思维和行为中。

（三）提供积极支持

强调与求助者的沟通和交流，使求助者感受并相信危机干预者是能够给予关心与帮助的人，危机干预者不要求评判求助者的经历与感受，而是提供一个机会，让求助者相信

"这个人确实很关心我"。危机干预者要积极肯定和接纳那些无助的求助者，能够真正给予求助者帮助与支持。

（四）提供应对方式

危机干预者要帮助求助者认识到，有许多变通的应对方式可供选择，主要途径包括：一是环境支持，有哪些人现在或过去能关心求助者。二是应付机制，求助者有哪些行动、行为或环境资源可以帮助自己战胜危机。三是积极的思维方式，求助者如何发掘积极的思维方式来改变自己对问题的看法，减轻焦虑水平。如果能够从这三个方面客观地评价各种可变通的应对方式，危机干预者就能够给感到绝望和走投无路的求助者以极大的支持。处于危机中的求助者需要的是能处理其境遇的适当选择。

（五）制订干预计划

帮助求助者做出现实的短期计划，将变通的应对方式以可行的时间表和行动步骤的形式列出，计划制订要保证求助者的参与性与自主性，让求助者感受到这是他自己做的计划。制订计划的关键在于让求助者感觉到没有被剥夺权利、自尊、和独立性。

（六）获得求助者承诺

帮助求助者向自己承诺采取确定的、积极的行动步骤，这些行动步骤必须是求助者自己的、从现实角度是可以完成的或可以接受的，在结束危机干预前，得到求助者诚实的、直接的和切实可行的承诺。

三、提高大学生心理危机应对机制

（一）正确看待压力、挫折和危机

一是要意识到压力、挫折、危机都是客观存在的，遇到困难、挫折、危机是不可避免的，不以人的意志为转移，面对客观存在的事物要勇于接纳，怨天尤人毫无益处。二是压力、挫折和危机是辩证的，可以相互转化，既是刺激、威胁，也是挑战。适度的压力、挫折是推动正常心理发展的条件，有助于适应环境。三是危机可以激发潜能，增强应对能力，增长经验，坚定自信心，使认识变得丰富而充实。

（二）建立良好的社会支持系统

一是大学生应该努力建立良好的人际关系，重视深厚的亲情、友情，积极参加社会活动，主动拓展社会人际关系网络。二是积极培养大学生的社会兴趣，在人际交往中学会与他人协调合作。三是学会换位思考、处理问题。四是要严以律己，宽以待人，善于发现他人的优点、欣赏他人的成功，营造互助互利的融洽气氛，体会人生价值。五是善于利用并乐于接受他人提供的社会支持，包括工具性、情感性的支持。

（三）培养积极乐观的自我概念

一是有助于培养个人自信，维护自身健康，增强应对挫折的能力。二是有适度的自信力，不矫揉造作。三是对自我有明晰的认知评估，以肯定的态度接纳自己，包括长处、短处等。

四、开展积极的自助活动

1.积极参加心理健康活动

大学生要积极参加学校开展的各项心理健康教育活动，如心理健康讲座、心理知识竞赛、团体辅导、素质拓展训练、心理情景剧大赛和心理沙龙等，通过活动学习和了解心理健康知识，增强心理调节能力，丰富心理体验，提高心理素质。

2.保持乐观向上的情绪

大学生应保持积极乐观的情绪，心情开朗，轻松安定，精力充沛，对生活充满乐趣，对未来充满信心和希望。当遇到困难、挫折或伤心的事情时会自我调节，适度地表达和控制自己的情绪，做到胜不骄、败不馁、喜不狂、忧不绝。

3.建立良好的人际关系

与他人相处，多一些真诚的赞美和鼓励，不要轻易怀疑他人，甚至轻视、厌恶他人；要尊重他人、信任他人，注意倾听对方的谈话，不把自己的意志和见解强加于人，既乐于助人，也坦然接受别人的情感和帮助。人际关系是复杂的，交友有深浅或厚薄，对于事实已证明不可深交的人，也不妨浅交，不必嫉恶如仇，保持适当的距离即可。

4.提高自身的认知能力

改善认知方法是调整心理状态和解决心理问题的重要方法。

第五章
消防安全

案例导入

10起校园典型火灾事件

【案例1】上海商学院学生宿舍楼发生火灾致4人死亡

2008年11月14日早晨6时10分左右，上海商学院徐汇校区一学生宿舍楼发生火灾，火势迅速蔓延导致烟火过大，4名女生在消防队员赶到之前从6楼宿舍阳台跳楼逃生，不幸全部遇难。火灾事故初步判断原因是，寝室里使用"热得快"（应禁用违规电器）引发电器故障并将周围可燃物引燃所致（图5-1）。

图5-1 上海商学院学生宿舍楼发生火灾

【案例2】中央民族大学女生宿舍楼发生火灾致上千名女生疏散

2008年5月5日，中央民族大学28号楼6层S0601女生宿舍发生火灾，着火后楼内到处弥漫着浓烟，6层的能见度更是不足10m。着火的宿舍楼可容纳学生3000余人。火灾发生时大部分学生都在楼内，所幸消防员及时赶到，将上千名学生紧急疏散，事故才没有造成人员伤亡。宿舍最初起火部位为物品摆放架上的接线板，当时该接线板插着两台可充电台灯，以及引出的另一个接线板。该接线板因用电器插头连接不规范，且长时间充电造成电器线路发生短路，火花引燃该接线板附近的布帘等可燃物蔓延向上造成火灾。事发后校方在该宿舍楼进行检查，发现1300余件违规使用的电器，其中最易引发火灾的"热得快"有30件。

【案例3】东北师范大学研究生宿舍一楼发生火灾致500名学生被困

2007年1月11日，东北师范大学研究生宿舍2舍一楼发生火灾，浓烟将11层高的整个宿舍笼罩，楼上百余个寝室的500余名学生被困。在浓烟的威胁下，大部分学生采取用湿毛巾捂住口鼻、弯腰逃生等方式自救，但仍有个别学生因受不了浓烟的熏呛，做出试图跳楼的举动。危急时刻，在消防队员制止下，这几名学生最终被送至安全地带，消防人员救人与灭火同步进行。大火被扑灭，被困的500余名学生被成功疏散到安全地带。确定起火的是该宿舍楼一楼的干洗店的干洗机旁边的一堆衣物，火势很快蔓延，并迅速产生很大的浓烟。

【案例4】马尼拉某大学学生宿舍楼凌晨发生火灾致8人死3人伤

2006年1月8日，菲律宾马尼拉市北部大学城的一个学生宿舍楼凌晨发生火灾，致8人死亡，3人烧伤。大火是从宿舍楼底层的一间厨房开始蔓延的，宿舍里的一些学生在7日晚聚在一起喝酒，可能是酒后不慎在厨房引着了火。由于楼里住了许多人，过道和紧急出口又堆放了许多杂物，加上不少人当时已经喝醉，火灾造成的伤亡人数较多。

【案例5】北京林业大学学生宿舍楼起火致2人死亡

2005年11月2日15时许，北京林业大学第6号学生宿舍楼三楼突然发生了爆炸起火，火灾原因疑为汽油爆炸，当时有两名研究生在内，皆在大火中丧生。

【案例6】俄罗斯人民友谊大学学生宿舍楼发生火灾致41名外国留学生死亡，近200人受伤

2003年11月24日凌晨，位于莫斯科城区西南部的俄罗斯人民友谊大学6号学生宿舍楼发生火灾，造成41名外国留学生死亡，近200人受伤。其中有中国留学生46人烧伤，11人死亡。有几个中国学生就是在火灾时想乘电梯下楼逃生，结果被困在室内活活被浓烟呛死。该校代校长比利宾27日宣布对火灾事故"负有个人责任，引咎辞职"。失火原因是电线短路。检察机关调查人员在调查中发现，俄罗斯人民友谊大学在管理上存在违反消防安全规定的许多问题。同时还指出，消防部门的工作也存在很多不足。消防部门这几年来多次发现俄罗斯人民友谊大学有许多违反消防安全规定的地方，但这些火灾隐患问题一直没有得到解决（图5-2）。

图5-2 俄罗斯人民友谊大学学生宿舍楼火灾

【案例7】东北大学女生宿舍用"热得快"失火致1000多名女生凌晨逃离

2003年12月24日凌晨5时多，位于沈阳市中心地带的东北大学内一幢女生宿舍楼突发火灾，起火点位于东北大学院内南侧的第四宿舍楼内，消防救援人员及时赶到火灾现场后

发现，第四宿舍楼的3个单元口都有大量学生向外逃离，学生们有的只穿内衣内裤，有的光脚，有的穿拖鞋，场面极为混乱，随即迅速疏散楼内千余名学生。消防救援人员发现宿舍楼共有3个通道，其中一个被胶合板钉死，他们打开通道，将学生转移，并充分利用楼内的消防设施迅速将大火扑灭，从而成功避免了一场重大悲剧的发生。火灾原因为219寝室内有学生用"热得快"烧水，因晚上突然停电，只好从水壶中拔下"热得快"放到床上，但忘了切断电源。早晨醒来后发现床上的"热得快"已经将床铺引着，惊慌之下，四处敲门及时喊醒其他寝室的学生，由于该学生逃生时打开了寝室的门，结果通风后火势更加猛烈，酿成火灾事故。

【案例8】武汉大学男生宿舍4栋3楼一寝室突发大火致3楼只剩下断壁残垣

2003年2月20日凌晨5时，武汉大学测绘校区一男生宿舍4栋3楼一寝室突发大火，火借风势瞬时吞噬了整个3楼22间寝室。7时10分，大火基本被扑灭，3楼被烧得只剩下断壁残垣。

【案例9】广州市一寄宿学校休息室未熄的烟头引燃沙发致8人死25人伤

2001年5月16日，广州市的一所寄宿学校发生火灾，造成8名正在准备高考的学生死亡，25人受伤。这是自1999年发生夏令营火灾并造成19名儿童死亡以来发生的另一起校园火灾惨剧。火灾是未熄的烟头引燃了一间休息室的沙发后引起的，消防部门的官员称，这幢建筑里的火警装置和灭火器都不能正常使用，校方和有关当局应对此负责。

【案例10】吉林省万发乡中学学生宿舍发生火灾致4人死11人重伤

2000年3月27日，吉林省松原市扶余县（今扶余市）万发乡中学一栋400m²的砖瓦结构的平房学生宿舍发生火灾。大火烧毁了12间学生宿舍，共415m²。4名初中生在火灾中丧生，11名学生被烧成重伤。这是近十年来，吉林省伤亡最惨重的一起校园火灾。

近年各高校火情警示案例

【案例1】学生宿舍案例

2020年10月16日，某高校学生公寓发生一起火情。起火原因为1名学生在宿舍将点燃的灭蚊片放于纸中上灭蚊后，用纸巾包裹燃烧后的灭蚊片将其一起丢弃在套有塑料袋的塑料垃圾桶中，引燃了旁边的床帘等可燃物品。现场未造成人员伤亡。经初步勘察，着火面积约16m²，损失的财产主要为2台笔记本电脑、4台台式计算机、1部手机和一些电子产品，累计损失物品金额为近10万元。

【案例2】实验室案例

2020年11月3日16时51分，某高校实验室课室旁发生一起火情。起火原因为实验使用过的两个废弃物垃圾袋混合后引发垃圾桶着火，因扑救及时，未造成人员伤害和财产损失。

【案例3】办公室案例

2021年6月10日，某高校一中心接待厅发生一起火情。起火原因为使用的计算机主机待机时间过长，发热冒烟而导致自燃。救护车赶到后将一名被浓烟熏到的学生送往医院进行检查，现场无人员伤亡情况。经消防人员初步勘察，过火面积约2m^2。损失的财产主要为2台台式计算机、1台空调机、1台饮水机、学生1部手机和一些办公桌椅、用品。

第一节　校园火灾与应急逃生

一、火灾产生的原因

（一）火灾的类型

根据现行《火灾分类》（GB/T 4968-2008），结合灭火器灭火的特点和灭火器配置设计工作的需求，对灭火器配置场所中生产、使用和储存的可燃物有可能发生的火灾种类做了原则规定（图5-3）。

A类火灾：指固体物质火灾。如木材、棉、毛、麻、纸张及其制品等燃烧的火灾。

B类火灾：指液体或可熔化的固体物质火灾。如汽油、煤油、柴油、原油、甲醇、乙醇、沥青、石蜡等燃烧的火灾。

C类火灾：指气体火灾。如煤气、天然气、甲烷、乙烷、丙烷、氢气等燃烧的火灾。

D类火灾：指金属火灾。如钾、钠、镁、钛、锆、锂、铝镁合金等燃烧的火灾。

E类火灾：指带电的火灾。

F类火灾：指烹饪器具内的烹饪物火灾。如动植物油脂火灾，油锅起火的火灾。

A类 固体物质火灾，如木材、纸张、衣服　　**B类** 可燃液体火灾，如汽油、酒精　　**C类** 气体火灾，如煤气、天然气、氢气等

D类 金属火灾，如钾、钠、镁等　　**E类** 带电物质火灾，如电线老化、电器火灾　　**F类** 烹饪油火灾，如动植物油脂火灾、油锅起火

图5-3　火灾分类

（二）火灾发生的原因和阶段

火灾事故发生的原因主要有放火、电气、违章操作、用火不慎、玩火、吸烟、自燃、雷击以及其他因素如地震、风灾等引起。

1.火灾初起阶段

可燃物质燃烧面积不大，火焰温度不高，辐射热不强，火势发展比较缓慢。这个阶段是灭火的最好时机，如发现及时、方法得当就能很快把火扑灭。

2.火灾发展阶段，也称为自由燃烧阶段

当室内的上层温度达到400～600℃时会引起轰燃。由于初起火灾没有被及时发现和扑灭，随着燃烧时间延长，温度升高，周围的可燃物质或建筑构件被迅速加热，气体对流增强，燃烧速度加快，燃烧面积迅速扩大，形成了燃烧发展阶段。从灭火角度看，这是关键性阶段。在燃烧发展阶段内，必须投入相当的力量，采取正确的措施控制火势的发展，以便进一步加以扑灭。

3.火灾猛烈阶段

如果火灾在发展阶段没有得到控制，由于燃烧时间继续延长，燃烧速度不断加快，燃烧面积迅速扩大，燃烧温度急剧上升，气体对流达到最快的速度，辐射热最强。处于猛烈阶段的火灾情况是很复杂的，建筑构件的承重能力急剧下降。许多可燃液体和气体火灾的发展阶段与猛烈阶段没有明显的区别。必须组织较多的灭火力量，经过较长时间才能控制火势、扑灭火灾。

4.灭火阶段

火场火势被控制以后，由于灭火剂的作用或因燃烧材料已烧尽，火势逐渐减弱直到熄灭。根据火灾发展的阶段性特点，在灭火中，必须抓紧时机，力争将火灾扑灭在初起阶段。

二、火场逃生的注意事项

一场火灾降临，能否从火灾中逃生，固然与火势大小、起火时间、楼层高度以及建筑物内有无报警、排烟、灭火设施等因素有关，但也与被困人员的自救和互救能力以及是否掌握逃生办法等有直接关系（图5-4）。

图5-4　火场逃生

（一）保持清醒头脑，扑灭初起火灾十分重要

高校建筑物一般都配备防火门和消火栓、灭火器等设施。火灾初起时，一定要冷静，切不可惊慌失措，可用配备的灭火器在第一时间扑灭，此时还应呼喊周围人员出来参与灭火和报警。从某种意义上讲，灭火也是一种逃生方法，而且是一种最积极的救生方法。

（二）逃离对策

火灾袭来，如果楼道已被烟气封锁或包围，为了避免毒烟的危害，在逃生时应尽量降低身体尤其是头部的高度，用湿毛巾或衣服捂住口鼻，或披上湿毛毯、被褥等，迅速向安全出口或紧急疏散口撤离，不要贪恋财物。

（三）退守对策

（1）当大火或浓烟已封锁通道时，硬闯极具风险，退守房间求救待援也是一种积极的自救方法。关闭房内的所有门窗，防止空气对流，延迟火焰的蔓延速度；用布条堵塞门窗缝隙，还可以用水浇在门窗上，降低它的温度。

（2）第一时间利用手机等通信工具向外报警，以求得到援助，也可从阳台或临街的窗户向外发出呼救信号，向下抛扔沙发垫、枕头或衣物等软体信号物，夜间则可用手机灯、手电筒、应急照明灯等方式发出求救信号，帮助营救人员找到明确目标。

（3）当楼层较低时，可利用房间内的床单、窗帘等织物撕成能负重的布条连成绳索，系在窗户或阳台的构件上向楼下滑去，也可利用门窗、阳台、落水管等逃生自救。

（四）逃生误区

1.忘记报警

人们在慌乱和紧张的时刻，往往会忘记首先要做的重要的事，从而贻误了救人和扑救火灾的最佳时机。火灾发生后，要第一时间报火警。

2.乘坐电梯

发生火灾时，千万不能利用电梯作为疏散通道，因为电梯井会产生烟囱效应且火灾很可能导致电线短路而造成电梯停运，逃生者一旦被困在电梯中，反而处于更加危险的境地。

3.原路逃生

原路逃生是人们最为常见的火灾逃生行为。因为大多数建筑物内部的道路出口一般不为人们所熟悉，公共场所的旅客、顾客、游客对环境不熟悉，对避难路线不了解，一旦发生火灾，人们总习惯沿着进来时的入口和楼道进行逃生，倘若该通道被烟火封锁，则再去寻找其他入口。殊不知，此时已失去最佳逃生时间。因此，进入公共场所时，一定要对周围环境和安全出口、疏散通道进行必要的了解与熟悉，确保一旦发生火灾可以快速自救逃生。

4.向光心理

在紧急危险情况下，人的本能、生理、心理使人们总是向着有光、明亮的方向逃生。而在火场中，90%的可能是电源已被切断或已造成短路、跳闸等，光亮之地正是火魔肆无忌惮地逞威之处。应沿着"安全出口"发光指示标志的指引向最近的安全出口逃生。

5.往上逃生

因为火焰是自下而上燃烧的，经过装修的楼层火灾向上的蔓延速度一般比人向上逃生的速度要快，当你跑不到楼顶时，火势已发展到了你的前面，产生的火焰会始终围绕着你。如不得已可就近逃到楼顶，但要站在上风方向。

6.往下逃生

当高楼大厦发生火灾，特别是高层建筑一旦失火，人们总习惯性认为，火是从下往上燃烧的，越高越危险，越低越安全，只有尽快逃到一层，跑出室外，才有生的希望。殊不知，这时的楼下可能是一片火海。特别是只有一条疏散楼梯，不具备防火防烟功能的老旧民房。不要盲目沿楼梯疏散，可在房间内采取湿毛巾捂口鼻、往门上浇水冷却、往有新鲜空气的阳台躲避等方法，告知119你的具体位置，等待消防人员救援。

7.盲目从众

当人的生命突然面临危险状态时，极易因惊慌失措而失去判断力，第一反应就是跟着别人一起逃生。常见的盲目追随行为有跳窗、跳楼、躲进厕所或浴室等隐蔽的地方。跳楼虽可求生，但会对身体造成一定的伤害，所以要慎之又慎。克服盲目追随的方法就是平时要多了解与掌握一定的消防自救与逃生知识，避免面临火灾时没有主见。

8.冒险跳楼

当选择的路线逃生失败、火势愈来愈大、烟雾愈来愈浓时，人们很容易失去理智，有些人选择冒险跳楼。即使楼下有救援气垫，一般的气垫也只能承受6层及以下高度，从6层以上高度往救援气垫上跳，相当于没有安全保护，后果和直接跳楼相差无几。

三、火灾逃生十项注意

一是平时要观察、计划好几条不同方向的逃生路线。

二是躲避烟火时不要往阁楼、床底、橱柜内钻。

三是火势不大时，要当机立断披上浸湿的衣服或裹上湿毛毯、湿被褥勇敢地冲出去，但千万别披塑料雨衣逃生。

四是不要留恋财物，要尽快逃离火场。千万记住，如果已逃出火场，绝不要再往回跑。

五是在浓烟中避难逃生，要尽量放低身体，并用湿毛巾捂住口鼻。

六是身上衣服着火时，要就地打滚，压灭身上火苗，千万不要奔跑。

七是生命受威胁时，楼上居民不要盲目往下跳，可用绳子或把床单撕成条状连起来，紧拴在门窗框或重物上，顺着绳子、布条慢慢滑下。

八是若逃生之路被火封锁，要立即退回室内，关闭门窗，堵住缝隙，有条件的向门窗上浇水。

九是充分利用房屋里的天窗、阳台、水落管或竹竿逃生。

十是被火围困楼上时，应向窗外扔抛沙发垫、枕头等软物或其他小物品，敲击响器，夜间则可打手电，发出求救信号。

📖 拓展阅读

痛心！河南一学校深夜火灾致13名学生遇难，现场画面曝光一片狼藉！

2024年1月19日23时，河南南阳市方城县119指挥中心突然接到报警，称该县独树镇砚山铺村的英才学校一栋宿舍发生火灾。接到报警后，消防救援大队救援力量立即赶往火灾现场展开救援行动，从接报到扑灭现场明火只用了短短的38分钟。事发当晚，该学校的一间学生宿舍突然起火，火势迅速蔓延，将宿舍内的床铺、衣物、电器等物品烧成灰烬，浓烟弥漫，火光冲天。宿舍内的14名学生被困在火海中，惊恐无助。有的学生试图从窗户跳出，有的学生被烧伤昏迷，有的学生被烟雾窒息。经过38分钟的奋力扑救，消防队员成功将火势控制，将被困的学生救出。但是，由于火势过于猛烈，宿舍内的13名学生已经不幸遇难，只有1名学生幸存，但也受了重伤，被送往医院救治，目前生命体征稳定，没有生命危险。据现场画面显示，过火的房间一片狼藉。许多学生披着被子跑出来躲避火灾。

涉事学校是河南南阳市方城县独树镇的一所私立学校，在事发学校内就读的大部分都是附近村民子弟，学校实行寄宿制管理。事故发生后，当地政府高度重视，迅速成立了事故处置指挥部，立即开展事故调查和善后处置等工作，涉事学校的负责人已经被当地公安机关控制（图5-5）。

图5-5　河南一学校深夜火灾

第二节　正确使用消防设施

一、常见的消防设施

（一）安全疏散设施

1.疏散楼梯

楼梯间是建筑物中的主要垂直交通空间，疏散楼梯是疏散人员的主要交通工具（图5-6）。特别是在火灾事故情况下，可将疏散楼梯作为常规的逃生工具，所以，疏散楼梯是作为竖向疏散通道的室内楼梯，是安全疏散的主要通道。因此，保障疏散楼梯间的畅通无阻是人们在火灾事故情况下安全逃生的前提和保证。任何占用、堵塞、封闭楼梯间都是不负责任的违法行为。

图5-6　疏散楼梯

2.敞开楼梯间

敞开楼梯间一般是指建筑物由墙体等围护构件构成的无封闭防烟功能，且与其他使用空间直接相通的楼梯间。它是充分利用天然采光和自然通风，在低层建筑中广泛用于人员疏散的楼梯间。

3.封闭楼梯间

封闭楼梯间是指设置有阻挡烟气和火势的双向弹簧门及外开门的楼梯间（图5-7）。当高层建筑或特殊场所内发生火灾时，建筑内的人员不能靠一般的电梯或云梯疏散，而楼梯此时是唯一的最主要的垂直疏散通道，必须安全可靠。封闭楼梯间火灾时犹如一个大烟囱，既拔烟又抽火，垂直方向烟气流动短时间内经过敞开空间向上扩散，迅速弥漫到整个建筑，严重影响人员疏散，威胁人身安全。设置的双向弹簧门及外开门等设施是防止火势和烟气蔓延扩散的有效工具。因此，保障弹簧门、外开门、安全门等安全设施设备的完好有效以及楼梯间的畅通无阻就显得非常重要。

图5-7　封闭楼梯间

4.安全出口

建筑物中设置足够数量的安全出口和一定宽度的安全门对于人员和物资疏散非常重要，若安全出口数量不足或安全门宽度不够，火灾时疏散很容易发生混乱现象，特别是只有一个出口时，往往使人员被烟火封堵而陷入困境。因此，保障安全出口畅通可保护场所内人员生命安全。任何占用、堵塞、封闭安全出口、妨碍安全疏散的行为都是不负责任的违法行为。

5.事故照明和安全指示标志

在影剧院、商场等人员密集场所发生火灾时，烟气弥漫充斥着一定空间，严重影响着人员对逃离方向的识别或火情的判断，威胁着现场人员的生命安全。设置在安全出口、疏散通道（走道）内的事故照明和安全指示标志设施就起到了照明和指示方向的作用（图5-8）。因此，保障事故照明和安全指示标志等设施的完整好用至关重要，应做好维护工作并防止损坏，禁止挪作他用。

图5-8 安全出口指示

（二）防火分隔物

防火分隔物是指在一定时间内能够阻止火势蔓延，且能把整个建筑物内部空间划分成若干较小防火空间的物体。因此，拆除或改变防火分隔物的性质或降低其耐火等级都将失去阻止火势蔓延的功效，并导致火灾从分隔处突破防火分隔物蔓延扩大，威胁着相邻建筑或另一区域人员的生命财产安全，后果不堪设想。

1.防火墙

防火墙是由不燃烧材料构成，耐火极限不小于3小时且直接设置在建筑基础上或相同耐火极限的钢筋混凝土框架上的不燃烧体。所以，防火墙既是防止火通过又是防止烟穿过，并具有隔断火势和烟气及其辐射热，防止火灾和烟气向其他防火区域蔓延的重要分隔物。因此，不得拆除。

2.防火门

防火门是日常情况下正常使用、火灾条件下用于人员流动疏散，设置于防火分区之间或防火隔间与疏散走道、安全出口之间的具有一定耐火极限的防火分隔物，分为甲、乙、丙三个级别（图5-9）。它是阻止火势蔓延和烟气扩散，给疏散人员提供安全条件的重要分隔物，应倍加爱护。

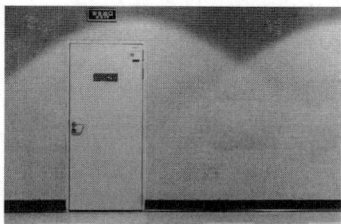

图5-9 防火门

3.防火卷帘

防火卷帘平时卷放在门窗洞口上方或侧面的转轴箱内，火灾发生时将其放下展开，用于阻止火势从门窗洞口蔓延。在特殊情况下，防火卷帘可以配合防火冷却水幕替代防火墙起到防火分隔作用。所以，它同样具有防止火通过和防止烟穿过，并发挥隔断火势和烟气，阻止火势蔓延和烟气扩散的功能。

4.防火阀

防火阀是安装在通风、回风管道上，平时处于开启状态，火灾发生后，当管道内气体温度达到70℃时关闭，起到隔烟阻火作用的阀门（5-10）。它具有在一定时间内能够满足耐火稳定性和耐火完整性的需求，并具有防止火通过和防止烟穿过，发挥隔断火势和烟气、阻止火势蔓延和烟气扩散的功能。因此，其保护意义重大。

图5-10 防火阀

（三）报警、灭火设施

1.火灾自动报警、灭火系统

火灾自动报警、灭火系统是为了早期发现通报火灾和及时采取有效措施，控制和扑灭火灾而设置在建筑物中或其他特殊建筑设施上的一种自动消防设施，是人们同火灾作斗争的有力工具。早期发现和早期扑救火灾，是及时扑灭火灾的有利时机和条件，因此，爱护消防设施、维护设施的完整好用是每个公民的应尽义务，任何损坏和拆除都是不负责任的违法行为。

2.室外消火栓

室外消火栓是指设置在城镇、居民区、工业建筑、堆场、储罐等周围的室外消火栓系统（图5-11）。城镇、居民区室外消火栓应当沿道路设置，保持间距在120m以内，有地上、地下两种设立方式，它是火灾情况下为消防车提供水源和为建筑室内消防设施灭火提供消防水源的设施。室外消火栓是后续消防灭火的重要设施，因此，不得损坏或侵占，并且不得圈占和遮挡。

图5-11 室外消火栓

3.室内消火栓

室内消火栓是建筑室内最普遍、最基本的消防灭火设施，主要设置在楼梯、走道附近等明显易于取用的地点，不论单层、多层或高层建筑，均能保证相邻消火栓水枪的充实水柱同时到达室内的任何部位（图5-12）。所以，应禁止圈占、遮挡并禁止损坏或拆除消火栓，使之在火灾情况下发挥应有的灭火功能。

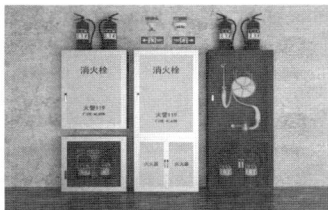
图5-12 消火栓

4.灭火器

灭火器是扑救初起火灾的重要消防器材，它轻便灵活，可移动，稍经训练即可掌握操作使用方法。可根据火灾种类（A、B、C、D和带电等分类）特点，结合场所物质火灾类别，配备相应种类和数量的灭火器。初起火灾扑救的好坏直接关系到火势是否得到消灭或被有效控制，因此，按照规定合理配置消防器材并保证不被损坏和挪作他用是火灾及时得到消灭的关键。

（四）其他消防设施

1.消防车道

消防车道是供消防车灭火时通行的道路（图5-13）。一般应为3.5m的宽度，对于通行大型消防车不应小于4m宽度。保障消防车道路通畅是火灾及时得到扑救的基础，是消防力量及时到达火灾现场的前提。因此，坚决反对占用、堵塞或封闭消防车道。

图5-13 消防车道

2.防火分区

防火分区是根据建筑物的特点采用相对耐火性能的建筑构件或防火分隔物，将建筑物人为划分的、能在一定时间内防止火灾向同一建筑物的其他部分蔓延的局部空间。因此，防火分区是控制建筑物火灾的基本空间单元。

3.防烟分区

烟气是物质在燃烧反应过程中热分解生成的含有大量热量的气体、液态和固态物质与空气的混合物，具有毒性、窒息性、高温性，是阻碍人们逃生和灭火行动、导致人员死亡的主要原因之一。通过防烟分区的设置，有助于火灾情况下的避难、逃生和灭火救灾行动展开，具有显著用途。

4.防火间距

火灾之所以能在建筑物间蔓延，主要是热对流、飞火和热辐射作用的结果，在建筑之间、构筑物之间、建筑与构筑物之间保持一定的距离，避免发生一处火灾通过热对流、飞火或热辐射的作用而蔓延他处的距离就是防火间距。所以，占用防火间距是导致火灾蔓延扩大，造成火烧连营的根本原因，应坚决禁止。

二、常见灭火器的使用

（一）消防灭火器的类型

消防灭火器分布很广，无论是消防部门，还是普通的公共场所，都会配备许多的消防灭火器（图5-14）。见过消防灭火器的人很多，会使用的人却很少。消防灭火器可以按以下三种标准进行分类。

第一种，是按照消防灭火器的移动方式进行划分的，可以分为手提式灭火器和推车式灭火器。

第二种，是按照灭火的动力进行划分的，可以

图5-14 消防灭火器

分为化学反应式灭火器、储压式灭火器以及储瓶式灭火器。

第三种，是按照灭火剂进行划分的，可以分为干粉灭火器、泡沫灭火器以及二氧化碳灭火器等。

（二）常见灭火器的使用方法

1.干粉灭火器的使用方法

（1）右手托着压把，左手托着灭火器底部，轻轻取下灭火器。

（2）右手提着灭火器到现场。

（3）除掉铅封。

（4）拔掉保险销。

（5）左手握着喷管，右手提着压把。

（6）在距离火焰2m的地方，右手用力压下压把，左手拿着喷管左右摆动，喷射干粉覆盖整个燃烧区。

2.泡沫灭火器的使用方法

（1）右手托着压把，左手托着灭火器底部，轻轻取下灭火器。

（2）右手提着灭火器到现场。

（3）右手捂住喷嘴，左手执筒底边缘。

（4）把灭火器颠倒过来呈垂直状态，用力上下晃动几下，然后松开喷嘴。

（5）右手抓筒耳，左手抓筒底边缘，把喷嘴朝向燃烧区，站在离火源8m的地方喷射，并不断前进，兜围着火焰喷射，直至把火扑灭。

（6）灭火后，把灭火器卧放在地上，喷嘴朝下。

3.二氧化碳灭火器的使用方法（图5-15）

（1）右手握着压把。

（2）右手提着灭火器到现场。

（3）除掉铅封。

（4）拔掉保险销。

（5）站在距火源2m的地方，左手拿着喇叭筒，右手用力压下压把。

（6）对着火源根部喷射，并不断推前，直至把火焰扑灭。

4.推车式干粉灭火器的使用方法

（1）把干粉车拉或推到现场。

（2）右手抓着喷粉枪，左手顺势展开喷粉胶管，直至平直，不能弯折或打圈。

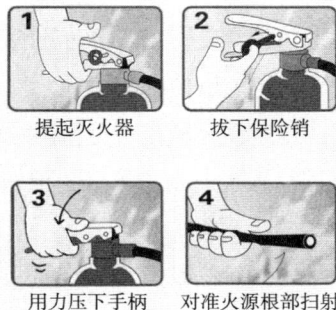

1 提起灭火器　　2 拔下保险销
3 用力压下手柄　　4 对准火源根部扫射

图5-15　二氧化碳灭火器使用方法

（3）除掉铅封，拔出保险销。

（4）用手掌使劲按下供气阀门。

（5）左手持喷粉枪管托，右手把持枪把，用手指扣动喷粉开关，对准火焰喷射，不断靠前左右摆动喷粉枪，把干粉笼罩在燃烧区，直至把火扑灭。

三、消火栓的使用

（一）消火栓的种类

1.室内消火栓

室内消火栓是室内管网向火场供水的、带有阀门的接口，为工厂、仓库、高层建筑、公共建筑及船舶等室内固定消防设施，通常安装在消火栓箱内，与消防水带和水枪等器材配套使用。减压型消防栓为其中一种。

2.室外消火栓

室外消火栓是设置在建筑物外面消防给水管网上的供水设施，主要供消防车从市政给水管网或室外消防给水管网取水实施灭火，也可以直接连接水带、水枪出水灭火。所以，室外消火栓系统也是扑救火灾的重要消防设施之一。

3.旋转消火栓

旋转消火栓是栓体可相对于与进水管路连接的底座水平360°旋转的室内消火栓。它具有栓体与底座相对旋转的特点，因而可以在超薄箱体内安装，使箱体减薄成为可能。当消火栓不使用时，可将栓体出水口旋转至与墙体平行状态，即可关闭箱门；在使用时，将栓体出水口旋转至与墙体垂直，即可接驳水带，便于操作。

4.地下消火栓

地下消火栓是一种室外地上消防供水设施，用于向消防车供水或直接与水带、水枪连接进行灭火，是室外必备消防供水的专用设施。其安装于地下，不影响市容、交通。由本体、弯管、阀座、阀瓣、排水阀、阀杆和接口等零部件组成。地下消火栓是城市、厂矿、电站、仓库、码头、住宅及公共场所必不可少的灭火供水装置。尤其是市区及河道较少的地区更需装设。地下消防栓的结构合理、性能可靠、使用方便。

5.地上消火栓

地上消火栓是一种室外地上消防供水设施，用于向消防车供水或直接与水带、水枪连接进行灭火，是室外必备消防供水的专用设施。它上部露出地面，标志明显，使用方便。由本体、弯管、阀座、阀瓣、排水阀、阀杆和接口等零部件组成。地上消火栓是一种城市必备的消防器材，尤其是市区及河道较少的地区更需装设，以满足消防供水需要。各厂矿、仓库、码头、货场、高楼大厦、公共场所等人口稠密的地区有条件都应该安装。

（二）消火栓的使用方法（图5-16）

1.按下火警按钮

打开室内消火栓的柜门，按下内部火警按钮。

2.铺设水带

向火场方向铺设水带，注意避免扭折水带。

3.开阀灭火

一人连接好枪头和水带，然后奔向起火点，另一人接好水带和阀门口，待同伴赶到起火点附近，逆时针打开阀门即可。

4.使用消防软管

若消火栓配有消防软管，可拉出消防软管，打开闸门，然后奔向起火点，最后开启软管喷枪，即可喷水灭火。

打开消防栓门，按下报警按钮

抛出水带，将水带一端接上栓口

逆时针方向打开阀门

拿起水枪和水带另一端冲向火场在途中连接好卡口

图5-16 消火栓使用方法

第三节 校园火灾的防范与初起火灾的扑救

一、校园火灾特点和类型

（一）校园火灾特点

（1）火灾隐患多。校园内人员复杂密集，消防设施配置参差不齐，能够正确使用设施的人较少，存在隐患。

（2）发生时间有特定性。节假日、晚间和课余时间是火灾的易发时间。

（3）发生地点有特定性。校园火灾多发生在学生宿舍区、实验室、图书馆及其他人员往来频繁的场所。

（4）建筑物高大集中，灭火救灾困难。

（5）容易造成较大的人员伤亡和财产损失。

（二）校园火灾类型

1.生活火灾

生活用火一般是指炊事用火、取暖用火、照明用火等，由生活用火造成的火灾称为生活火灾。学生生活用火造成火灾的现象屡见不鲜，原因也多种多样，主要有在宿舍内违章使用电饭锅、火源位置接近可燃物、使用大功率照明设备等。

2.电气火灾

目前学生拥有大量的用电设备，如电脑、台灯、电吹风，以及违规购置的电热毯、"热得快"等。学生宿舍由于所设电源插座较少，学生违章乱拉电线的现象较普遍，错误的安装操作方式导致线路短路、断路，引起电气火灾。

3.自然火灾

这类火灾主要是指雷电引发的火灾。雷电放电时电压可达几万伏，具有很大的破坏性，它可以摧毁建筑物，引发火灾。

4.自燃

自燃是物质自行燃烧的现象，如黄磷、锌粉等燃点低的物质在自然环境下就可燃烧。为避免物质自燃发生火灾，一定要以科学的态度和手段加强日常管理。

（三）校园火灾发生的原因

学校发生火灾的因素较多，从火灾情况看，导致学生宿舍等场所失火的原因主要有以下几点。

1.违章使用大功率电器

高校的建筑物供电线路、供电设备都是按照实际使用情况设计的，尤其是学生宿舍的供电线路、设备都是按照普通的照明用电设计的，线路负荷较小。在宿舍违章使用"热得快"、电炉、电暖气、电热杯、电热壶、电热锅、电磁炉、电吹风等大功率电加热器具，一旦线路超负荷运行，极易引起火灾。

2.违章私拉乱接电线

私拉乱接电线容易损伤线路绝缘层，引起线路短路和触电事故。学生购买的电线、插座有的是劣质产品，极易造成线路短路或因接触不良发热而漏电或起火。

3.使用电器不慎

学生经常使用的计算机、充电器、稳压电源、电蚊香等电器，办公室里的办公设备，实验室里的器材设备等电器，如长时间通电，无人监管，就会因散热不良或线路老化引起电器元件发热和线路短路，从而引发火灾。

4.使用灯具不当

使用台灯、床头灯等灯具时，若紧邻蚊帐、被褥、书籍等易燃物，极易引发火灾，因为在电能转化为光能的过程中，往往要产生大量的热，灯泡表面温度较高，而尼龙、棉絮、纸张等物品燃点较低，灯泡过于靠近这些物品，时间一长就会被引燃。

5.违章使用明火

在办公楼、实验室、教室和建筑工地违章使用明火，特别是学生宿舍点蜡烛照明，用酒精炉、煤油炉、液化气等做饭，焚烧书信纸张等杂物等，稍有不慎，都可能导致火灾发生。

6.吸烟不慎

点着的香烟头表面温度为200~300℃，中心温度高达700~800℃，一般可燃物的燃点大多低于烟头表面温度，若点燃的烟头碰到低于烟头温度的可燃物，就会引发火灾。带火的烟头、高温的烟灰等如掉落在蚊帐、被褥、纸张等可燃物上可引发火灾。

7.使用蚊香不当

点燃的蚊香温度高达700℃，而布匹的燃点为200℃，纸张的燃点为130℃，点燃的蚊香歪倒、移动都可能直接引燃附近的易燃物，掐灭蚊香时乱弹香头，也可能引发火灾。

8.存放易燃易爆等违禁品

违反规定存放烟花爆竹、汽油、酒精、香蕉水、油漆等易燃易爆器，留下火灾隐患。

9.违反操作规程

在用火、用电和使用危险品时，不按操作规程极易发生火灾事故。用火时周围的可燃物未清理完，火星飞到可燃物上引起燃烧；做化学实验时，将相互抵触的化学试剂混在一起；实验温度过高或操作不当，也能引起火灾事故。

（四）校园火灾多发区域

校园火灾多发区域包括学生宿舍区、食堂、存有易燃易爆危险品的实验室、相对封闭的文娱活动场所。

（五）校园火灾的防范措施

（1）不得违章使用超标电器，禁止将电炉、电饭煲、电热杯、暖手宝、"热得快"等大功率电器带入宿舍。

（2）要人走电断，严禁将工作或充电状态电器置于无人看管的校内场所，当嗅到电线胶皮糊味或发现不安全隐患时，要及时切断电源并报告管理员。

（3）不得私拉乱接电源线，严禁使用不合格、不达标、劣质电源插线板或充电器，须使用充电桩为电动车充电。

（4）不得在宿舍内使用明火、吸烟，严禁将煤油炉、酒精炉及汽油、酒精、爆竹等易燃易爆物品带入宿舍。

（5）要爱护消防设施和灭火器材，不得随意移动或挪作他用，保持消防器材设施的完好有效。

（6）严格遵守操作规程，在宿舍、教室、实验室等校内场所生活、学习或工作时，要严格遵守各项安全管理规定、安全操作规程和有关制度。

二、灭火的常用方法

发生火灾时，基本的正确应变措施是：报警；疏散，救援，灭火；安全警戒和防护；善后处理。

常用的灭火方法有隔离、冷却和窒息等方法。

（一）隔离法

隔离法就是将可燃物与着火源（火场）隔离开来，消除可燃物，燃烧即停止。例如，盛装可燃气体、燃料液体的容器与管道发生着火事故时，或容器管道周围着火时，应立即设法关闭容器与管道的阀门，使可燃物与火源隔离，阻止可燃物进入着火区；或在火场及其邻近的可燃物之间形成一道"水墙"，加以隔离，将可燃物从着火区搬走；采取措施阻拦正在流散的燃料液体进入火场；拆除与火源毗连的易燃建筑物等。

（二）冷却法

冷却法就是将燃烧物的温度降至着火点（燃点）以下使燃烧停止，或者将邻近火场的可燃物温度降低，避免形成新的燃烧条件，如常用水或干冰进行降温灭火。

（三）窒息法

窒息法就是消除燃烧条件之一的助燃物空气、氧气或其他氧化剂，使燃烧停止。主要是采取措施阻止助燃物进入燃烧区，或者用惰性介质和阻燃性物质冲淡稀释助燃物，使燃烧得不到足够的氧化剂而熄灭。如空气中含氧量低于14%时，木材燃烧即停止。

采取窒息法的常用措施有：将灭火剂如四氯化碳、二氧化碳、泡沫灭火器等不燃气体或液体，喷洒覆盖在燃烧物的表面，使之不与助燃物接触；用惰性介质或水蒸气充满容器设备；将正在着火的容器设备严密封闭；用不燃或难燃材料捂盖燃烧物等。

三、初起火灾的处置流程

初起火灾的处置，通常指的是在发生火灾以后，专职消防队未到达火场以前，对刚发生的火灾事故采取的处理措施。

基本原则：报警早，损失少；边报警，边扑救；先控制，后灭火；先救人，后救物；防中毒，防窒息；听指挥，莫惊慌。

（一）准确、及时报警

一旦发生火灾，要第一时间报火警。全国统一火警电话号码是"119"，拨打火警电话要注意以下事项。

（1）要沉着镇定。在任何电话上都可直接拨打。

（2）在听到对方报"消防队"时，要讲清火灾发生的地点和单位，并尽可能讲清着火的对象、类型和范围。

（3）要注意对方的提问，并把自己的电话号码告诉对方，以便联系。

（4）打完电话后，可立即派人在门口和消防车必经之处等候，引导消防车迅速到达火场。

（二）快速、有效灭火

（1）先控制，后消灭。对于刚刚发生的小火情，要第一时间拿起附近的灭火器进行灭火；对于不能立即扑灭的火灾，要首先控制火势的蔓延和扩大。

（2）救人重于救火。当火场上有人受到火势围困时，首先要把人从火场中救出来，即救人胜于救火。在实际操作中，可以根据人员和火势情况，救人和救火同时进行，但决不能因为救火而贻误救人时机。

（3）先重点，后一般。在扑救初起火灾时，要全面了解和分析火场情况，区分重点和一般。人重于物；贵重物资重于一般物品；要害部位重于非要害部位；有爆炸、毒害危险的方面重于没有这些危险的方面等。

（三）灵活、安全逃生

疏散抢救被困人员是火灾初起时的首要任务。火灾发生时，我们必须坚持救人重于救火的原则，尤其是在学生宿舍、教室等人员集中的场所，更要采取稳妥可靠的措施，通过喊话积极组织人员有序疏散，防止惊慌造成挤伤、踩伤等事故（图5-17）。

图5-17　有序疏散

四、宿舍消防

（一）防范措施

（1）不使用"热得快"、电炉、电炒锅、电茶壶、电热毯等大功率危险电器，及时制止其他同学使用类似威胁安全的电器。

（2）在寝室内不使用蜡烛等明火，不焚烧信件杂物。

（3）离开宿舍前拔掉所有电源插头。

（4）寝室内提倡不吸烟，偶尔吸烟要及时熄灭，不要随意乱扔烟头，尤其注意不要把烟头、火柴等扔到垃圾桶内。

（5）留意宿舍楼内的消防器材放置地点和使用方法，熟悉宿舍楼内的安全通道，以防万一。

（6）电源接线板不放在床上，电源不与床架等金属物接触。

（二）宿舍火灾逃生

（1）火势初起时，立即用自来水、湿毛巾灭火自救，如火势已大，要立即撤离火场。

（2）迅速拨打火警电话"119"。

（3）宿舍充斥大量烟气时，撤离时弯腰低姿快行。

（4）当宿舍发生火灾，烟火封住出口时，住一层宿舍的人员可从窗口跳出去；住二、三层宿舍的人员可用床单、被套、窗帘制成安全绳，从窗口缓缓下滑。

（5）别的宿舍着火，火势尚未控制楼层时，应立即离开宿舍，迅速通过安全通道向外疏散。从高层宿舍下撤时，不要乘电梯。

（6）当烟火封住下撤楼道、大门时，可撤往楼顶平台，等待救援。

（7）当烟火封住宿舍门时，应将宿舍门紧闭，用衣、被塞住门缝，防止烟气侵入，等待救援。

五、实验室消防

高校实验室作为物理、化学、生物等实验课程的重要教学场所，存放有大量的化学药品，这些化学药品种类繁多，性质也各不相同，多数都具有易燃、易爆、有毒等特点。由于实验室人员流动性较大，实验环境也比较复杂，存在诸多的消防安全隐患，因此做好实验室消防工作就显得十分重要。

（一）实验室火灾事故的原因

实验教学发生火灾事故的原因主要有两个方面：一是学生安全防范意识不强，对实验潜在的危险认识不足，不按照指导教师的要求和实验规程操作，也有个别指导教师工作责任心不强，不及时纠正学生的错误，致使操作失误或使用仪器设备方法不当。二是仪器设备和各种管线年久失修、老化损坏，容易出现故障。这些原因可能导致火灾、爆炸、触电等事故发生。

1.实验室火灾发生的主要原因

（1）用电不当。供电线路老化，超负荷运行，导致线路发热，引发火灾；高电压实验室电器设备发生火花或电弧、静电放电产生火花等引发火灾；操作人员用电不慎或操作不当引起电气火灾等。

（2）易燃易爆化学原料。实验室中有很多易燃易爆的化学原料，如果因为保管不当，或者在做实验的时候操作不当，都很容易成为实验室火灾的隐患。

（3）人为疏忽管理不当。实验室负责人或者教师在带领学生做实验的时候，由于疏忽或者学生做实验的时候操作不当，很容易导致火灾隐患，这也是必须注意的问题。

2.实验室火灾的预防措施

（1）健全实验室安全管理制度。高校实验室必须建立健全实验室消防安全规章制度，从制度出发开展安全管理工作。例如，实验室用电安全规范、实验室消防安全行为规范、实验室危险物品存放和使用规范等，利用健全的规章制度和惩治条例，规范每个人的实验行为。在实验室学习或工作时，一定要严格遵守各项安全管理规定、安全操作规程和有关制度。

（2）严格配备实验室消防器材。消防安全器材的健全对火灾的防范和应对具有重大意义。实验室存放大量化学药品，是消防安全特殊场所，因此实验室必须根据具体的实验环境和设备配备相应的消防器材，有针对性地熄灭火源。高校在实验室中不仅要配备健全的消防安全器材，更要安排工作人员进行定期的检查和保养，严禁消防器材乱挪、乱用、乱放现象的发生，对老化的消防器材要及时更换。

（3）使用仪器设备前，应认真检查电源、管线、火源、辅助仪器设备、化学药品等完好情况，确保其可正确使用和工作。

（4）使用仪器设备完毕，应在第一时间关闭电源、火源、气源、水源等，按规定认真整理物品，密封并放置好化学药品，严禁混装混放，及时清除杂物和垃圾，尤其是使用易燃易爆危险品时，更要注意严格遵守防火安全规定。

（二）实验安全的要求

（1）接受安全教育。了解使用水、电、气及化学试剂的基本知识和紧急事故的处理办法。

（2）做实验前，认真预习理论知识，掌握实验的目的、原理、步骤、要求等，了解实验中存在的或可能存在的不安全因素。

（3）根据所做实验的安全要求做必要的准备。按要求穿实验服，有必要的要佩戴防护眼镜，不能穿短裤、短袖、裙子、高跟鞋、拖鞋、凉鞋等进入实验室。

（4）要清楚电源总开关、燃气总开关和水源总开关的位置，一旦发现异常情况，保证及时关闭总开关，消除隐患。熟悉实验室的安全通道，以便发生大火时能迅速逃生。

（5）服从教师和实验室工作人员的指导，实验准备就绪，经指导教师检查无误后方可进行实验。注意人身安全和设备安全，严格按照实验步骤认真操作，未经允许不能改动实验操作前后次序，认真做好实验记录。遵守实验室纪律，不随意动用与实验无关的仪器和设备。

（6）实验进行时不得脱离岗位，有事必须离开时，应交代其他人员看管实验装置，并对其讲明注意事项。

（7）如果仪器设备发生故障，应立即停止使用，并立即报告指导教师，切勿私自拆卸。

（8）实验结束后，关好水、气阀门，切断电源，离开实验室前应仔细检查，关好门窗。

（9）严禁在实验室内吸烟、就餐、住宿，做与实验无关的活动，严禁用实验设备处理食物。

（三）实验安全的注意事项

1.防火注意事项

许多实验室都有可燃易燃物品，实验操作中需要用火用电，接触易燃液体和气体，如果违反规定和处理不当，极易引发火灾，必须注意防火安全。主要有以下几点。

（1）实验室严禁使用非工作用电炉或其他明火，实验使用电器时要远离可燃物和易燃易爆化学物品，停电或停用后及时切断电源。

（2）要使用或更换符合规格的保险丝，以免仪器控制元件失灵，电热设备继续加热失火。

（3）电烘箱类的电气设备安放的场所都必须有防火隔热层，禁止将易燃物放入电烘箱中。不能在通电的情况下随意乱放电烙铁、电热器，防止引燃周围的可燃物品。

（4）不能把火柴、打火机、酒精灯和喷灯放在正在使用的教学仪器附近。

（5）乙醚、丙酮、乙醇、苯等有机溶剂非常容易燃烧，大量使用时室内不能有明火、电火花或静电放电，用后要及时回收处理，不可倒入下水道，以免聚集引起火灾。磷、金属钠、钾、电石及金属氢化物等物质在空气中易氧化自燃，要隔绝空气保存，使用时要特别小心。

（6）实验结束后，参加实验的学生不要急于离开实验室，要对实验室进行全面清理，如关闭电源、水源、气源，处理残存的化学物品，清扫易燃的纸屑等杂物，消除火灾隐患。

（7）了解实验室灭火器材的种类、存放位置和使用方法，实验室一旦着火不要惊慌，在报警的同时，应根据起火的原因选择使用水、沙、二氧化碳灭火器、四氯化碳灭火器、泡沫灭火器或干粉灭火器等进行灭火。

2.防爆注意事项

实验室发生爆炸最主要的原因是操作不当，如可燃气体与空气混合，当两者比例达到爆炸极限时，就会引起爆炸，或者受到电火花等热源的诱发爆炸，一旦发生爆炸，后果不堪设想。因此，实验中预防爆炸工作至关重要。主要做到以下几点。

（1）开展实验前一定要详细了解所使用易燃易爆物品的性能、特点。如氢气、乙炔气容易燃烧，氧气本身不会燃烧但能助燃，氯气有毒等。又如氢气、氧气等气体，乙醚、二甲苯、丙酮、三硝基苯磺酸、松节油、苦味酸等液体，油脂、松香、硫黄、无机磷等固体，在一定条件下均能引起燃烧和爆炸。

（2）易燃易爆物品妥善安置，正确使用。如严禁将强氧化剂和强还原剂放在一起。

（3）在实验室进行有危险性的实验操作时，应根据化学药品特性、剂量使用，并在专职教师指导下进行实验，以防事故发生。严防因疏忽大意造成无可挽回的后果，如沸水溢出扑灭燃气，造成燃气继续泄漏出现燃爆险情；又如错把乙醚当作乙醇倒入酒精灯中，点火势必引起爆炸。

（4）在与爆炸物品接触时，要做到"七防"：防止可燃气体或粉尘与空气混合，防止明火，防止摩擦和撞击，防止电火花，防止静电放电，防止雷击，防止化学反应。

（5）不要把废弃的易燃液体倾注入水槽内，否则会引起下水道爆炸。废弃的易燃易爆物应装入金属罐内，并加盖密封。实验剩余的爆炸物，必须如实上交，不得私拿、私用；不得私带、私藏、转让、转卖、转借爆炸品。

（6）高压气体钢瓶应专瓶专用、分类保管、直立固定，各种气体不可混放；严禁将氯和氨、氢和氧、乙炔和氧混放在一个房间里。使用可燃性气体时，要防止气体逸出，保持室内通风。

（7）如果到一个房间闻到煤气味，应立即开窗通风，千万不要打开电源开关或打电话，以免产生电火花引起煤气燃烧爆炸。

3.防触电注意事项

违章用电可能造成人身伤亡、引发火灾、损坏仪器设备等严重事故，实验使用电器时要特别注意安全用电。主要做到以下几点。

（1）在实验前要认真检查线路是否符合安全用电规范要求，确保绝缘良好，发现电线及设备存在故障时，应及时报告老师。

（2）使用新的电学仪器，要先看说明书，弄懂其使用方法和注意事项才能使用。

（3）不用湿手操作各种电器开关或触摸各种电器，不能在潮湿处使用电器，不能用试电笔试高压电。使用高压电源应有专门的防护措施。

（4）要按电学仪器安全用量来选择合适的保险丝、空气开关。不能用铝、铁、铜质导线代替保险丝，不能使用超过规定的保险丝。

（5）电器装置不能有裸露现象，各种电器应绝缘良好，并接地线才能使用。严禁乱接电源和私自接拉电线。

（6）使用完的电气设备，应关闭开关，将所有电源插座拔掉。

（7）实验时，应先连接好电路再接通电源。实验结束后，先切断电源再拆线路。修理或安装电器时，应先切断电源。

（8）有人触电时，应迅速切断电源，然后进行抢救。发生火灾时，应先切断电源开关，再灭火。用沙或二氧化碳、四氯化碳灭火器灭火，禁止用水或泡沫灭火器等导电液体灭火。

拓展阅读

最新通报：已致15人遇难，原因初步查明

江苏省南京市政府2024年2月24日凌晨召开发布会通报，2024年2月23日4时左右，南京市雨花台区明尚西苑居民楼发生的火灾事故（图5-18），死亡人数增至15人，另有44人在医院接受治疗。南京市政府主要负责人介绍，44名在医院接受治疗的人员中，1人危重、1人重症、42人伤情较轻，所有患者生命体征平稳。

2月23日4时39分，南京市消防救援支队指挥中心接到报警，雨花台区明尚西苑6栋发生火灾，随后迅速调集8个消防救援站、25辆消防车、130名指战员到场处置，明火于6时许被扑灭，14时许现场搜救工作结束。南京市消防救援支队负责人介绍，经初步分析，火灾为6栋建筑地面架空层停放电动自行车处起火引发。

图5-18　火灾发生现场图

第六章
公共安全

第一节　突发公共安全

一、突发公共安全事件类型

（一）自然灾害

自然灾害主要包括气象灾害、地质灾害、海洋灾害、生物灾害、森林草原火灾，以及由此引发的各类次生灾害，如地震、洪水、塌方、雪崩、飓风、海啸等。

（二）事故灾难

事故灾难主要包括火灾、化学危险品事故、交通运输事故、公共设施和设备事故、环境污染和生态破坏事件等。

（三）公共卫生事件

公共卫生事件主要包括传染病疫情、群体性不明原因疾病、食品安全、职业危害、动物疫情，以及其他严重影响公众健康和生命安全的事件。

（四）社会安全事件

社会安全事件主要包括各类非法集会、游行、示威、请愿、集体罢餐、罢课、上访、聚众闹事等群体性事件；各类非法传教活动、政治性活动；各类恐怖袭击；重大治安、刑事案件；师生非正常死亡、失踪等可能影响校园和社会稳定的事件。

二、突发公共安全事件特征

（一）突发性

突发公共安全事件大多由一系列细小事件逐渐发展而来，有一个从量变到质变的发展轨迹，但事件爆发的时间、规模、态势和影响深度，经常出乎人们的意料，即事件发生突如其来，进程较快，一旦爆发，其破坏性的能量就会被快速释放，呈现出快速蔓延的趋势，并且大多数突发公共安全事件演变迅速。

（二）公共性

突发公共安全事件的公共性一方面指发生在普通的公共领域，涉及主体是此领域内的人员；另一方面指尽管突发公共安全事件的直接涉及范围不一定是普通的公共领域，但因消息快速传播引起公众的关注，成为公共热点并造成公共损失、公众心理恐慌和社会秩序混乱。

（三）不可预测性

突发公共安全事件的不可预测性是指突发公共安全事件的起因、演变方向影响因素和后果等各方面变化无规律，有可能是在一定区域，也可能是在校内或校外，难以精准预测和掌握。

（四）多样性

突发公共安全事件的发生、发展具有不同的起因和表现，因此其在表现形式上不尽相同，呈现多样性的特征。

1.破坏性

突发公共安全事件的破坏性除了体现在造成人员伤亡、财产损失，还体现在对社会心理和个人心理造成的破坏性冲击，进而渗透到社会生活的各个层面。

2.复杂性

突发公共安全事件往往是各种矛盾共同作用的结果，总是呈现出一果多因、相互关联、环环相扣的复杂状态。突发公共安全事件的组织系统也比较复杂。

3.持续性

不管在何时何地，突发公共安全事件一旦出现，总会持续一段时间，表现为潜伏期、爆发期、高潮期、缓解期、消退期。持续性表现为蔓延性和传导性，一个突发公共安全事件时而会引发另一个公共安全事件。

三、切实维护公共安全

（一）牢固树立安全意识

作为当代大学生，我们必须提高自身素质，把促进公共安全和社会稳定的思想教育贯穿到平时的学习、生活及活动中去，平时注意将维护国家安全和社会稳定列为首要任务，成为国家安全和社会稳定的自觉维护者。

（二）自觉维护公共安全

为维护公共安全和社会稳定，我们应该依法有序地看待和处理我们面对的问题。依法治国，意味着必须健全社会主义法制，充分发挥法治在促进、实现、保障社会和谐方面的重要作用。

（三）提高自身辨识能力

在维护公共安全和社会稳定时，我们要善于识别各种伪装。有关国家安全和社会稳定的常识、规定都已比较完善，但是，实际生活比我们想象的要复杂得多，作为当代大学生要自觉提升自身辨识力，具备独立思考能力，落实到自身维护公共安全的行动中。

苏州市消防救援支队致苏州居民的一封信

亲爱的居民朋友们：

近期，多地发生火灾事故。再次提醒我们消防安全不是他家事，而是每一位公民都要参与、出力来共同维护的事情。正值初春，天气变化不定，乍暖还寒，用火、用电、用气量居高不下，各种火灾风险、致灾因素伴随而生。为了保障社区的消防安全，保护我们的家庭幸福，苏州消防号召广大居民朋友，务必重视并遵守以下几个方面的火灾防范要点：

一、严禁将电动自行车或其锂电池带入室内，严禁在住宅公共门厅、安全出口、楼梯间、走道等公共区域停放电动自行车或充电，严禁私拉"飞线"充电。

二、要从正规渠道购买正规厂家生产的合格电动自行车及锂电池，不要改装，不要使用不配套或假冒伪劣的充电器；要定期检查电动自行车电池，避免过度充电、长时间使用、日晒雨淋等造成的电池老化或损坏，一旦发现应当及时维修或更换。

三、日常要做好"三清三关"，即清厨房、清阳台、清楼道、关电源、关气源、关门窗。出门时请不要忘记关闭电源、燃气开关。要及时清理阳台、楼道等公共区域的杂物，保持消防通道畅通。长时间出门时务必关闭所有门窗，避免火星飞入家中引起火灾。

四、定期检查家中电器设备和电气线路，确保电线和插头没有损坏或老化；不要同时将多个大功率电器设备插在同一个插线板上使用；用完或停电时要及时拔下用电设备插头，长时间外出时要关掉电源总闸。

五、厨房用火要注意人离火关。抽油烟机要定期清洗，发现燃气泄漏，要迅速关闭气源阀门，打开门窗通风，切勿触动电器开关和使用明火，并迅速通知专业维修部门来处理。

六、使用电取暖器取暖时，要与沙发、衣物等可燃物品保持安全距离；不要在电取暖器上直接烘烤衣物。应选购符合安全要求的合格电取暖产品；电热毯不要长时间通电，不可折叠使用，发现电源线发热、发软时应立即停止使用。

七、学习基本的消防知识和技能，如使用灭火器、逃生等。公共走道、楼梯间内的常闭式防火门应保持关闭状态以阻隔烟气蔓延。

八、培养良好的消防安全意识，不要躺在床上、沙发上吸烟，不要在酒后、疲劳时或临睡前吸烟；吸烟后要及时熄灭烟头，不要随意丢弃在有易燃物品的垃圾桶内。

九、要教给孩子正确的消防安全知识和逃生自救技能，要教育孩子火灾的危害性以及玩火的危险性，要将打火机、火柴、蜡烛等物品放置在孩子拿不到的地方。

十、严禁占用、堵塞或封闭消防车通道，保持"生命通道"畅通。严禁损坏、挪用、埋压、圈占、遮挡小区内的消防设施和器材。我们衷心希望每一位居民都能将消防安全放在心里，时刻保持警惕。只有大家共同努力，才能预防火灾、守护家园、共赴美好生活。感谢大家的配合与支持！祝您平安幸福、阖家欢乐！

苏州市消防救援支队

2024 年 2 月 26 日

第二节　防范恐怖活动

一、恐怖主义与恐怖活动

2016 年 1 月 1 日，《中华人民共和国反恐怖主义法》（以下简称《反恐怖主义法》）正式施行。立法是为了防范和惩治恐怖活动，加强反恐怖主义工作，维护国家安全、公共安全和人民生命财产安全。

恐怖主义，是指通过暴力、破坏、恐吓等手段，制造社会恐慌、危害公共安全、侵犯人身财产，或者胁迫国家机关、国际组织，以实现其政治、意识形态等目的的主张和行为。

二、大学生如何应对恐怖袭击

暴力恐怖案件总会产生众多的受害者，现实生活中，我们随时都可能遭遇各种意外，给我们的身体乃至生命造成危害，即便是校园也难免遭到恐怖袭击的侵犯，万一我们身处险境，该如何提高生存概率呢？让我们了解一些必备的生存常识，在恐怖袭击事件发生时，将损失降到最低。

校园里可能发生的恐怖袭击包括砍杀、开车冲撞碾轧、纵火、爆炸、枪击、劫持等袭击手段。那么大学生应如何应对恐怖袭击呢？

（一）遇到砍杀袭击怎么办？

首先是逃跑，暴徒持刀来袭时，判断恐怖分子的方向，立刻从相反的安全出口方向逃离。其次是隐藏，如果不能安全逃跑，应尽量选择邻近的建筑、树木、花坛等躲藏，双手抱住后脑可保护脖颈，双膝同肘关节可防护前胸，伤员或行动不便者不要急于逃离让自己成为追杀对象，可就地装死。最后是搏斗，如果实在躲不掉，逃不了，也不能坐以待毙任凭犯罪分子攻击伤害，我们要快速寻找身边有什么可作为武器，如拿起背包、桌椅等作为盾牌用来抵挡犯罪分子的攻击。

到达安全区后，要记得及时拨打110报警，说明时间、地点、歹徒人数与特征等。及时检查是否受伤，实施自救互救。

（二）遇到开车冲撞碾压袭击怎么办？

遇到横冲直撞的可疑车辆碾轧过来，要迅速从车的两侧跑开躲避，寻找建筑物或者花坛等坚固物体藏身，并向周围呼喊示警，安全后及时报警，检查是否受伤，对伤口进行简单处理。

（三）遇到纵火袭击怎么办？

遇到纵火保持冷静，发现小火，拿起灭火器，趁早把它扼杀在摇篮里；遭遇大火，迅速撤离，走靠近的楼梯，莫走电梯；身上起火，赶紧把外套脱掉，就地打滚，及时跳入水中或让人向身上浇凉水，切记千万别跑，跑得越快，火烧的越大；困于浓烟，用口罩或湿毛巾捂鼻，匍匐前进逃离，紧急呼叫时也不能移开毛巾，俯身低于浓烟进行撤离，千万别选择跳落逃生，也别在危急时分留恋财物，更不要为入室拿物品而重返火海。

（四）遇到爆炸威胁或者发生爆炸怎么办？

遇到爆炸威胁，不要上前试探，而要跑离现场奔走相告，到达安全地带后及时汇报并报警。万一已经发生爆炸，被浓烟笼罩，应迅速趴下，用湿纸巾捂住口鼻，防止中毒，并有秩序地快速撤离爆炸的地方。注意不要惊慌，避免引起踩踏，如果视线不清，可以摸着墙壁走，万万不能用打火机照明，以免引起二次爆炸，要将途中看到和听到的状况，留心观察反映给警察。

（五）遇到开枪袭击怎么办？

在来不及逃跑的情况下，立即就地卧倒，并寻找机会快速移动到掩体后面。子弹的飞行速度和射击速度是非常快的，恐怖分子一旦发起枪战，瞬间就能击中人，因此，应立即就地卧倒，如果有可能，要快速移动到掩体后面，如墙体、立柱、木门等。总之，遇到枪战时一定要冷静、卧倒、找掩体并看准时机逃生。

（六）被恐怖分子劫持怎么办？

首先要沉着冷静，等待警察救援。其次要服从命令慢慢趴到地上，别与暴徒对视或者对话，避免产生语言和行为刺激。再次尽量保住自己的手机，适时发出求救信息。最后，要随机应变，如果特警发起突袭，要尽量趴在地上配合解救。

（七）紧急撤离危险现场应注意什么？

越紧急越应该保持镇定，要通过楼梯有序快速撤离，并远离窗户玻璃等危险品，如果人多拥挤，最好抓住栏杆扶手，防止跌倒和踩踏。

（八）紧急情况下如何自救与互救？

如果不幸受伤，掌握一些基础的急救知识也是十分必要的。学会止血，轻微出血可用手指按压，情况严重的可用领带、腰带或丝巾进行捆扎；如果烧伤，伤口不深可用清水清洗，但不能直接冰敷，洗净后用干净的没有黏性的布加以覆盖，起水泡了不要刺破；掌握心肺复苏方法，让伤员仰卧，如果按压呼叫没有反应，就应该双手交叉十指相扣，按压伤员的肋骨中下方，深度5cm左右，必要时配合人工呼吸，帮助伤员打开气道。

（九）报警和求救时要注意什么？

报警的时机是确保你暂时处在安全的地带和环境下，报警时不要恐慌，思路清晰才能有效传达信息，一定要讲清楚时间、地点、歹徒的人数和武器以及事件过程，确保警察能快速定位，掌握基本情况，及时进行处置。

生命只有一次，一旦结束，无法再次开始，学习一些基本的法律法规和防护技能，让恐怖袭击变得不再恐怖。

一起校园伤人事件8死2伤，预防校园暴恐我们能做什么？

2019年9月2日早上8时许，秋季开学第二天，大多数家长沉浸在送走家中"神兽"的喜悦中，然而湖北省恩施市白杨坪镇朝阳坡村小学，却发生一起沉痛的涉校刑事案件，8名学生死亡，2名学生受伤。犯罪嫌疑人于华，朝阳坡本地人，曾因故意杀人（未遂）罪被判9年，2018年5月刑满释放（图6-1）。

近年来，丧心病狂的犯罪分子伤害学生的事件频发，校园暴恐的警钟一次次敲响，面对危险，我们能做些什么，保护这些毫无反击之力的孩子？防患于未然是首要的。公安部、教育部召开全国校园安全工作经验交流会，会上公安部对校园安全防范建设提出要求，2019年年底前，要推动实现三个百分之百的工作目标：中小学封闭化管理达到100%；一键式紧急报警、视频监控系统与属地公安机关联网率达到100%；城市中小学专职保安员配备率达到100%。会议指出，"人防"是校园安全防范中最重要、最基础的防范手段。

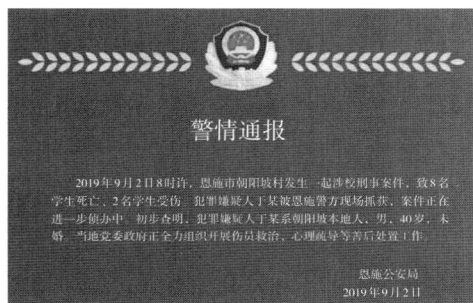

图6-1 校园伤人事件警情通报

陕西米脂发生砍杀学生事件：19人受伤，9人遇难

2018年4月27日18时10分，米脂县第三中学学生放学途中遭犯罪嫌疑人袭击，米脂县多名学生被砍，目前已造成19名学生受伤（14女5男），死亡学生人数上升为9人（7女2男），其余10名伤者正在全力救治中。事发地在米脂县第三中学门口不远的下坡位置，一名男子冲出来，挥刀砍向放学后的学生，"男生跑得快，所以被砍的多为女生。"

陕西米脂学生遇刺事件疑犯赵某某，1990年生，米脂县赵家山村人。案发后，市、县领导纷纷赶往现场，伤者的救治工作和案件调查工作有序推进。

第三节　校园突发公共安全事件现场救助

为之于未有，治之于未乱。高校做好突发公共安全的应急机制是保障大学校园安全的重要举措，大学校园是特殊场所，既有学校相对封闭独立的管理特征，同时又呈现一定的开放状态，与社会存在着千丝万缕的密切联系。大学校园里的风险因素较为复杂，大学生自身学习与成长及校园人际关系等都存在着风险因素。社会上诸多风险因素也会渗透大学校园，对大学生产生不利影响。因此，校园危机事件处理能力对校园安全管理工作开展有直接影响，尤其是遭遇突发安全事件时，应急处理能力和现场救援显得尤为重要。高校在日常管理中一定要提升学校的安全应急水平，尽可能规避掉一些校园安全隐患和危机，制订完善的应急管理机制，进一步营造良好的校园育人氛围。

一、恐怖暴力事件

（1）学校门卫要加强对入校人员的盘查、登记工作，防止不法人员入校给师生带来安全隐患。校园内一旦发生恐怖暴力事件，现场人员要设法拨打110报警电话，并立即向学校保卫科报告，现场师生需设法与犯罪分子周旋，稳定当事人双方的情绪，争取救援时间。报警时，一是要讲清案发地点、现场人数、危及生命安全的施暴工具(如刀、枪、炸药)等基本情况；二是要注意回避犯罪分子，防止激怒罪犯；三是要尽早报警，尽量减少损伤。

（2）保卫科在接警后，必须在第一时间内赶到现场，维护现场秩序，疏散围观群众，组织救援工作，并立即通知应急救援领导组成员。

（3）应急救援工作小组到位后，在现场总指挥的统一指挥下，密切与公安人员配合，立即按预案各施其职开展工作，尽量减少人员伤亡。

（4）应急救援工作应将组织事故现场师生安全疏散和抢救受伤人员生命摆在第一位，最大限度地减少人员伤亡。

二、触电

当一定量的电流能量（静电）通过人体，对人体造成损伤或功能障碍甚至死亡的，称为电击伤，俗称触电。人体触电后，可能由于痉挛而紧抓电体，不能自行摆脱电源，所以应尽快使触电人脱离电源，如发生相应伤害应在第一时间及时处理，以尽可能降低对人体的危害，为后期抢救赢得时间。触电的表现如下。

（1）轻者头晕、心悸、面色苍白、四肢乏力；

（2）重者尖叫后立即昏迷、抽搐、休克、呼吸停止甚至死亡；

（3）皮肤局部出现电灼伤，伤处焦化或炭化；

（4）电击后综合征，出现胸闷、手臂麻木不适。

现场急救措施如下。

（1）立即切断电源，未切断电源时抢救人员切勿直接接触触电人，常见的方法有拉闸断电，或者用干燥木棍、橡胶棒、电工绝缘钳、干燥木柄铁锹(斧子)切断或挑开电源，使之脱离电源；

（2）对呼吸停止者应立即进行对口或压胸式人工呼吸；

（3）对心跳停止者应立即进行胸外心脏按压，坚持进行可持续数小时，直到患者心跳恢复正常或确定死亡为止。

在此紧急救护过程中，如触电较严重要第一时间拨打120急救电话。同时，救护者一定要判断好情况，做好自我防护，并防止触电人二次摔伤等事故发生。

三、电梯意外事故救助

1.垂直电梯故障

电梯作为一种垂直升降交通工具，一旦出现故障，可能会发生乘客被困、坠落等危险事故。在遇到垂直电梯故障时应做到：

（1）当在电梯中被困时，最好的方法就是按下电梯内部的紧急呼叫按钮，如果呼叫有回应的情况下，就可直接等待救援。也可以通过大声呼救等方式向外界传递被困的信息，一定不要强行扒门或试图从轿顶天花板爬出。

（2）当电梯的轿厢突坠时，可从下至上把每一层按键都按下，选择一个不靠门的角落，膝盖弯曲，身体呈半蹲姿势，尽量保持平衡，以减少电梯坠落受到的冲击。

（3）不要用手或身体强行阻止电梯门开合。不要在电梯内蹦跳，不要对电梯实施粗暴行为，如用脚踹轿厢四壁或用工具击打等。在被困于电梯的情况下，要合理控制情绪，科学分配体力，耐心等待救援，才是成功脱困的最好途径。

乘坐垂直电梯时应注意：

（1）不乘坐无安全检验合格标志或电梯使用标志的电梯；

（2）注意不要超载，超载时，电梯内的警报会鸣响，超载乘客应自觉下梯等候；

（3）发生地震、火灾等紧急情况时，严禁使用电梯，应改用消防通道或楼梯；

（4）不得在电梯里吸烟，电梯对烟雾有一定的识别功能，在电梯内吸烟，很可能会让电梯误以为着火而自动上锁，导致人员被困。

2.自动扶梯故障

自动扶梯乘用不当，易发生乘梯人员被夹伤、钩挂、跌倒、坠落等事故。乘扶梯时如发生跌倒、衣物钩挂等紧急情况，乘客应大声呼救，让工作人员立即停止扶梯运行，其他乘客应抓住扶带站稳，以免扶梯突然停止发生跌倒。

乘坐自动扶梯应注意：

（1）不可倚靠扶梯两侧围裙板，身体应距围裙板和梯级边缘5cm以上，以免衣服等被钩挂；

（2）体弱老人和儿童一定要在成人搀扶和看护下乘用扶梯；

（3）严禁将头、手及身体其他部位探出扶梯外，以免撞到外侧物体；

（4）扶梯出入口处设置有紧急停止开关，仅供紧急情况下使用。

四、卫生健康突发情况处置

1.肌肉酸痛

在一次活动量较大的锻炼以后，或是隔了较长时间未锻炼又开始锻炼时，往往会出现肌肉酸痛的症状，这种酸痛不是在活动结束就会出现，而是发生在运动结束一段时间以后。

（1）按摩。可促进肌肉组织血液循环，使肌肉紧张度降低，离解粘连组织，有利于损伤组织的康复和代谢水平的提高。

（2）热敷。有助于促进血液循环，提高代谢水平，还有助于损伤组织的修复及疼痛的缓解。

（3）口服维生素C。维生素C有促进受损伤结缔组织修复的作用，使用时需咨询医生。

（4）伸展练习。对酸痛局部进行牵拉，有助于缓解痉挛，防止肌肉粘连，保持肌肉的伸展性和弹性。

（5）经常参加锻炼提高体内各器官，特别是呼吸、血液循环的功能。

2.运动中腹痛

在体育锻炼时，有些练习者经过一段时间的运动后，会出现腹部不适甚至疼痛，其持续和消退的情况各不相同。主要反映在右上腹、左上腹、脐部周围等有胀痛或刺痛的现象。

（1）注意运动前和运动中的饮食，切忌暴饮暴食，以及饮用过冷或不易消化的食物。

（2）做好准备活动、区分与"极点"的关系。

（3）适当减慢速度，加深呼吸，调整呼吸节奏，坚持用手按压疼痛部位，待疼痛消失。若无效，则应停止运动。

（4）加强医务监督，对于疼痛严重或运动停止后疼痛消退迟缓且疼痛部位固定，则应配合医疗检查。

3.肌肉痉挛

痉挛肌肉无意识强直收缩，肌肉坚硬，疼痛难忍，一时不易缓解。缓解后常伴有肌肉损伤。

一般情况下牵引痉挛肌肉即可使之缓解，牵引时用力宜缓，不可用暴力。此外，还可配合局部按摩，采用按压、揉捏、点穴（承山、涌泉、委中等穴）等手法，辅助治疗。对于游泳时发生肌肉痉挛，应先保持冷静，调整身体姿势，根据需要及时呼救，并在尝试缓解措施的同时，尽力靠岸，进行岸上处理。

4.出血

血液从损伤的血管流出称为出血。根据损伤的部位，出血又可分为外出血和内出血两种。身体外表有伤口，血液从伤口流到身体外面。外出血容易发现，运动损伤中比较常见。内出血在运动损伤中也有，如闭合性损伤中的皮下淤血、半月板损伤时的膝关节腔内积血、腹部挫伤肝脾破裂时的腹腔内出血等。体腔、管腔等内出血，不易被发现，极易发展成为腹腔大出血。血液是体内的重要物质，成人体内的总血量约为5000mL，如果失血量达总血量的1/4时，就会有生命危险。

（1）冷敷法。主要用于急性闭合性软组织损伤而引起的毛细血管出血。最简单的方法是用冷水冲泡或用冷毛巾包冰块敷于伤处，有条件的可用四氯乙烷喷射。

（2）抬高伤肢法。主要用于四肢的小静脉和毛细血管出血。其方法是尽可能将伤肢抬高，利用重力原理，降低伤口血压，减少出血。在动脉和较大静脉出血时，只能作为一种辅助方法。

（3）压迫法。加压包扎法。用于小静脉和毛细血管出血。先在伤口处涂以红药水，洒上消炎粉，盖以消毒纱布和棉垫，用绷带包扎，或用洁净织物按压伤处，赴医疗机构处理；加垫屈肢法。用于前臂、手和小腿、足的出血。取软垫或织物折成合适厚度用肘窝或腘肢窝夹紧；止血带法。主要用于四肢。用止血带或其替代品在出血点的近心端实行环扎，以阻断血流；指压法。用手指压迫身体浅部的动脉，可暂时止住该动脉供血区域的出血。这种方法操作简便，如运用正确，可使动脉出血立即停止。

5.脱位与骨折

（1）关节脱位的判断。关节脱位必须有强烈外力的施加而导致相应关节面失去正常联系。其主要伤后征象有：受伤关节剧痛，压痛明显；受伤关节完全不能活动，功能丧失；受伤关节畸形；排除骨折的可能性。

（2）骨折的判断。骨折必须有强劲外力的施加或肌肉强力收缩而导致骨的完整性遭到破坏。一般有三种：一是直接暴力，骨折发生在暴力直接作用的部位；二是间接暴力，骨折发生在接触暴力较远的部位；三是肌肉强烈收缩。

（3）骨折的临时固定。骨折时，用夹板、绷带把折断的部位固定、包扎起来，使伤部不再活动，称为临时固定。这是骨折的急救方法，其目的是减轻疼痛、避免再损伤和便于转送。原则上，如有休克，应先抗休克，后处理骨折；如有伤口出血，应先止血，包扎伤口，再固定骨折。

五、常见传染病预防与应对

1.冠状病毒感染

冠状病毒是一大类病毒，部分会引起人发病，患者表现为从普通呼吸道症状到重症肺部感染等不同临床症状，其形态看上去像帝王的皇冠，因此命名为"冠状病毒"。目前主要传播途径为经呼吸道飞沫传播和接触传播，在相对封闭的环境中长时间暴露于高浓度气溶胶环境下存在经气溶胶传播的可能，其他传播途径尚待明确；人群普遍易感。疑似症状为发热、咳嗽、咽痛、胸闷、呼吸困难、乏力、恶心呕吐、腹泻、肌肉酸痛等。

（1）预防。均衡饮食，可以吃蔬菜、肉类、蛋类、奶类、大豆、坚果类等食物。保持良好的心态，不要过度劳累以及熬夜；饮食方面需要以清淡为主，避免偏食、挑食；保持运动，适当进行体育锻炼，如慢跑、快走等，并长期坚持；做好防护，科学洗手，在病毒流行期严格做好自身防护，在公共场合佩戴口罩，勤洗手，少聚集不与患者密切接触，做好开窗通风。

（2）感染后处置。首先，确认感染之后应该做好自身隔离。其次，准备充足的药物。再次，根据感染后的身体特性，做好自身保暖，勤换衣物。最后，感染期间不应不吃正餐以及绝食、熬夜等，充足的饮食以及睡眠配合适量的运动有助于自身恢复。康复后也要注意：不建议过度劳动，保持良好的精神状态；出入仍需要戴好口罩，做好通风消毒工作；不进行消耗大能量的剧烈运动；康复后，身体对病毒的抵抗能力会随着时间的增多逐渐减弱，不能认为不会再次感染而随意出行，时刻当好健康防护"第一责任人"。

2.流感

流感是由流感病毒感染引起的对人类危害较严重的急性呼吸道传染病。流感一般表现为急性起病、发热（部分病例可出现高热，达39～40℃），伴畏寒、寒战、头痛、肌肉关节酸痛、极度乏力、食欲减退等全身症状，常有咽痛、咳嗽，可有鼻塞、流涕、胸骨后不适、结膜轻度充血，也可有呕吐、腹泻等症状。流感患者和隐性感染者是流感的主要传染源，流感的传播途径以呼吸道分泌物的飞沫传播为主，也可通过口腔、鼻腔、眼睛等黏膜直接或间接接触传播。

（1）预防。作息规律，长期熬夜会使我们的抵抗力下降，容易造成病毒感染，一天最少睡7小时。接种流感疫苗是目前预防流感最有效的手段，在流感季来临之前要及早进行流感疫苗接种，可以显著降低接种者罹患流感和发生严重并发症的风险。保持良好的个人卫生习惯：勤洗手、常通风、少聚集，科学规范佩戴口罩，同时均衡饮食、适量运动、充足休息，避免过度疲劳。

（2）感染处置。首先进行抗病毒治疗。流感暴发时对于已经出现高热、头痛、乏力、四肢酸痛、咳嗽症状的患者，可以在医生指导下服用抗病毒药物进行治疗，如神经氨酸酶抑制剂奥司他韦、利巴韦林等。其次，进行消毒隔离。流感是我国的丙类传染病，暴发时首先要将确诊患者以及密切接触者隔离，最大可能减少传染源。同时，要勤消毒、戴口罩，避免去人群聚集的公共场所，减少感染风险。

3. 诺如病毒感染性胃肠炎

诺如病毒是一种引起非细菌性急性胃肠炎的病毒，诺如病毒感染性胃肠炎在全世界范围内均有流行，全年均可发生感染，每年10月到次年3月是流行的高发季，感染对象主要是成人和学龄儿童，常在学校、托幼机构等人员密集的场所引起传播。可以通过摄入污染的食物、水，接触病人排泄物或呕吐物，接触污染的手、物品或用具，接触呕吐时产生的气溶胶等方式传播。

（1）预防。注意个人卫生，养成良好的卫生习惯，勤洗手，饭前便后要洗手。注意饮食和饮水卫生，喝开水、吃熟食，不食不洁、无证食品。在疾病高发期尽量少去人多的公共场所，保持室内良好的空气流通，每日开窗通风不少于2次，每次不少于30分钟，减少病毒感染的机会。多吃新鲜蔬果，多元化饮食；增强锻炼，改善体质。

（2）感染处置。患者常会出现呕吐、腹痛、腹泻等症状，通常可遵医嘱服用肠黏膜保护剂、益生菌制剂、口服补液盐等药物进行治疗。肠黏膜保护剂，如蒙脱石散等，能吸附病原体和毒素，维持肠细胞的吸收和分泌功能，还能与肠道黏液糖蛋白相互作用，可增强其屏障功能，减少病原微生物对消化道黏膜的损害，并能缓解诸如病毒感染引起的腹泻症状；益生菌制剂：如双歧杆菌乳杆菌三联活菌片、复方嗜酸乳杆菌片、布拉氏酵母菌散等益生菌制剂，有助于肠道正常菌群的生态平衡恢复，抑制病原菌定植和侵袭，帮助控制腹泻；口服补液盐：被诺如病毒感染之后常常会出现呕吐、腹泻的情况，严重时易导致机体出现脱水、电解质紊乱等情况，可遵医嘱使用口服补液盐帮助机体纠正紊乱情况，有助于病情缓解。

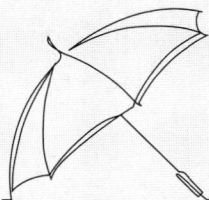

第七章
交通安全

案例导入

江苏省公安厅交警总队公布的2020年度十大警示案例，涵盖多种事故形态，涉及多类交通违法及交通方式。其中，很多看似"平常"的问题，却导致车毁人亡的事故后果。交警部门希望通过警示案例的发布，引起广大交通参与者的重视，让大家对道路上的风险隐患有更加直观的认识，做到知危险、会避险，远离交通事故。

【案例1】闯红灯遇上"鬼探头"

2020年12月19日，盐城市解放路与海洋路交叉口，电动自行车驾驶人宋某闯红灯驶入事发路口，机动车驾驶人陈某正常行驶进入路口，但因停在路口左侧车道的车辆遮挡其视线，未能发现宋某，两车发生碰撞事故。宋某因违反交通信号指示通行负事故全部责任。

交警提醒：当机动车驾驶人在行驶至"有并行车辆""路侧停满车辆的路段""途径公交站台"等易发生"鬼探头"事故的地点时，要注意观察减速慢行。若存在视觉盲区，可鸣笛示意周边的车辆与行人。此外，骑行电动自行车时禁止越线停车、闯红灯、逆行。

【案例2】骑行电动自行车未佩戴安全头盔

2020年8月25日，在泰州靖江公新公路与兴业路交叉路口，事发时，田某骑电动自行车闯红灯通过路口，此时两辆轿车由西向东并行通过路口，位于右侧的轿车未能发现田某，两车发生碰撞。因未佩戴安全头盔，田某头部受重创，最终抢救无效不幸身亡。

交警提醒：根据《江苏省电动自行车管理条例》的规定：驾驶、乘坐电动自行车应当按照规定佩戴安全头盔。驾驶人骑行电动自行车时，应遵守交通信号灯。

【案例3】安全头盔未正确佩戴受重伤

2020年8月24日，在苏州张家港市二环路与农联路十字路口，电动自行车驾驶人陈某在行至事发路口时，与隔离绿化带另一侧一辆正在机动车道内正常行驶的小轿车相撞，因陈某未正确佩戴头盔，撞击瞬间，头盔被撞飞，未能形成有效保护，事故造成陈某重伤。

交警提醒：条例实施后，戴盔骑行已深入人心。但从交警部门执法管理情况看，仍有很多骑乘人员未能真正重视安全头盔的保护作用，"带"而不"戴"、"戴"而不系的现象并不少见。骑行电动自行车要正确佩戴安全头盔，要选择符合安全质量标准的头盔，大小要合适，过大或过小都不可起到保护作用。在佩戴时，头盔的头部要保持平行，头部下方的束带处留有一指空隙，戴好后，不应出现左右晃动的情况。

【案例4】"不满16周岁"骑行电动自行车

2020年7月14日，在229省道姜堰三园路路口，一名11岁男孩和母亲各驾驶一辆电动自行车驶入路口，母子二人未走斑马线，也未下车推行，就在男孩起步瞬间，一辆货车从右侧疾速驶来，男孩连人带车被卷入车底，拖行十几米，事故导致男孩多脏器破裂，重伤致残。

交警提醒：家长带孩子出行时，不要"带头违法"，作出错误示范。母亲和男孩违反了"驾驶电动自行车在路段上横过机动车道，应当下车推行，有人行横道或者行人过街设施的，应当从人行横道或者行人过街设施通过"的法律规定。此外，根据《江苏省电动自行车管理条例》规定，在道路上驾驶电动自行车应当年满16周岁。

【案例5】"开门杀"

2020年12月10日，在苏州常熟市方塔街河东街路口，一辆出租车行驶至事发路口后，临时停靠在非机动车道内，后座上的乘客未观察情况直接打开车门，将一辆恰好经过的电动自行车撞倒。所幸事发时，电动自行车驾驶人俞某佩戴了安全头盔，头部着地，但并未造成严重伤害。

交警提醒：首先，机动车驾驶人应将车辆停靠在停车泊位里。其次，机动车驾驶人要提醒同车乘坐人员下车时，应当通过后视镜观察后方来车情况，在确认安全后才能打开车门下车。

【案例6】大货车"内轮差"

2020年7月2日，在盐城市响水县小尖镇致富路与镇区路交叉路口，郁某驾驶的一辆重型货车在行驶至路口右转时，与在路口等信号灯的电动自行车驾驶人张某（后座还载着一名3岁儿童）发生剐蹭，随后货车将电动自行车上的两人卷入车轮下，事故造成儿童当场死亡，张某受伤。货车驾驶人郁某负事故全部责任。

交警提醒：大型车辆在路口转弯时，存在"内轮差"，极易把靠近行驶的行人或非机动车剐蹭卷入，大型车辆驾驶人在转弯时尽可能大半径转弯，角度不宜过小，转弯时多警示、多观察，低速行驶通过。非机动车和行人过路口时应当与大型车辆保持足够的安全距离，行车时不要与大车并行，更不能抢行；路口等候时，通常至少应当与大型车辆保持2m的距离。

【案例7】高速公路匝道口违法变道

2020年10月3日，在G15沈海高速苏通大桥东服务区进口处，一辆白色轿车突然压线变道驶入服务区，变道过程中，后车避让不及，两车发生猛烈撞击，由于车速较快，两辆车直接冲向高速护栏，其中，违法变道的白色车辆多次翻滚后才停下来。事故导致双方车辆损坏严重，所幸并未造成人员受伤。白色轿车匝道口处突然变道，负事故全部责任。

交警提醒：需进入匝道的车辆驾驶人应提前向右变更车道，合理控制车速。周边行驶的其他车辆，需注意观察前方车辆动态，保持安全车距，做好减速制动准备。驾驶人如果在高速公路上错过出口，请在下一个高速出口驶离，千万不能在匝道口突然停车、变道、倒车甚至逆行。

【案例8】高速公路"二次事故"

2020年11月18日，沪陕高速扬州江都段，一辆蓝色轿车行驶到沪陕高速江都段时，突然失控，撞上中央护栏后，停驶在第一车道和第二车道中间。事故发生后，驾驶人王某立即报警，但因车内没有三角警示牌，王某打开双闪，提醒过往车辆。就在等待救援时，后方两辆车避让不及，连续发生追尾事故，所幸没有严重人员伤亡。

交警提醒：高速公路发生"轻微事故"，谨记"9字保命真诀"：车靠边、人撤离、即报警。"车靠边"就是：发生事故后，切记不要在高速公路上逗留，如果车能移动，应迅速将车辆移至右侧应急车道，开启危险报警闪光灯，并在事故车后150m处（夜间200m处）摆放三角警示牌；"人撤离"就是：无论车辆能否移动，司乘人员在发生事故后，应迅速转移到右侧护栏外，并面向来车方向；"即报警"就是：在撤离后，应立即拨打报警电话。

【案例9】车辆不符合安全技术标准致事故运输企业负责人被追刑

2020年10月14日，在无锡市堰玉路与石洲路口，黄某驾驶的重型货车在行驶至事发路段时，因车辆超载，制动失灵，追尾碰撞前方停车候行的摩托车，造成摩托车主倒地受伤，后经送医抢救无效身亡。黄某驾驶不符合技术标准，超载的货车在道路上行驶，行驶途中未确认安全，追尾前方停车等候的车辆，负事故全部责任。

交警提醒：此次事故属于运输公司管理不到位、驾驶员管理制度不健全、车辆安全检查制度不完善引发的一起生产安全责任事故。肇事车辆企业法人代表因涉嫌重大责任事故罪，已被采取刑事强制措施。春运即将来临，所有运输企业应引以为戒，建立健全安全生产责任制和安全生产规章制度，防范各类生产事故的发生。

【案例10】日常安全管理流于形式 企业法人代表成"共犯"

2020年2月10日，宁洛高速10km+500m处，一辆危险化学品运输车突然失控撞破中心护栏，驶入对向车道，发生侧翻。所幸事发时段周边没有其他车辆，否则一旦发生次生灾害，极易造成重大人员伤亡和财产损失（图7-1）。南京交警部门调查后发现，发生时驾驶人倪某边开车边吃东西，被食物噎住发生短暂昏迷，导致车辆失控。倪某因驾车时有妨碍安全驾驶行为，承担事故全部责任。此外，危

图7-1 危险化学品运输车侧翻

险化学品运输通行证有效期是截止到 2020 年 1 月 31 日，事故发生时属于无证上路的状态。驾驶员倪某违规运输危险化学品，危及公共安全，涉嫌构成危险驾驶罪。进一步调查发现，该危化品运输车所属企业日常安全管理流于形式，驾驶员每次出车前，无须任何人的同意即可自行出车，企业法定代表人徐某对驾驶人倪某危险驾驶的行为承担直接责任。驾驶人倪某、法定代表人徐某涉嫌构成危险驾驶罪共犯，已被公安机关采取刑事强制措施。

交警提醒：广大运输企业法定代表人，应严格落实企业安全生产主体责任，完善企业运输生产安全管理制度，落实所属驾驶人日常教育管理，否则一旦发生有重大影响的交通事故，不仅要追究驾驶人的责任，更要追究企业法定代表人和负有直接责任安管干部的责任。

事故看似偶然，但其中也隐藏着必然因素。交警部门提醒广大市民，每一起事故都会给当事人及其家属带来抹不去的伤痛，希望每位交通参与者都能时刻绷紧安全这根弦，不要把命运交给侥幸和无知。

第一节　校园交通安全常识

一、大学生交通安全的概念与交通事故的危害

当前，大学生交通安全意识普遍不强，主要体现在交通安全知识缺乏和交通安全意识淡薄两个方面。为了有效地防范大学生交通事故的发生，确保交通安全，必须加强大学生的交通安全教育。

交通安全是指不发生交通事故或少发生交通事故的主观条件，即指交通参与者要严格遵守交通法规，提高警惕，不因麻痹大意而发生交通事故。大学生交通安全是指大学生在校园内和校园外行走、乘坐交通工具时的人身安全。只要有行人、车辆、道路这三个交通安全要素存在，就有交通安全问题，也许只是一个小小的意外，就会造成严重后果，断送美好的前程，甚至生命。

二、大学校园易发生交通事故的主要原因

随着高校改革的不断深入，高校与社会的交流越来越频繁，使校园内人流量、车流量急剧增加。高校教师拥有私家轿车已不算稀奇，摩托车更是普遍，学生骑自行车的很多，开汽车上学也已不再是新闻。校园道路建设、校园交通管理滞后于高校的发展，一般校园道路都比较狭窄，交叉路口没有信号灯管制，也没有专职交通管理人员管理；校园内人员居住集中，上、下课时容易形成人流高峰等原因，致使高校的交通环境日益复杂，交通事故经常发生。

三、大学生交通安全事故的主要表现形式

（一）校园内易发生的交通事故

校园内发生交通事故的主要原因是思想麻痹和安全意识淡薄。许多大学生刚刚脱离父母和家庭，缺乏社会生活经验，头脑里的交通安全意识比较淡薄，同时有的同学在思想上还存在校园内骑车和行走肯定比公路上安全的错误认识，一旦遇到意外，发生交通事故就在所难免。校园内发生交通事故的主要形式有以下几种。

（1）注意力不集中。这是最主要的形式，表现为行人在走路时边走路边看书边看手机，或者左顾右盼、心不在焉。

（2）在路上进行球类活动。大学生精力旺盛、活泼好动，即使在路上行走也是蹦蹦跳跳、嬉戏打闹，甚至有时还在路上进行球类活动，更是增加了发生事故的危险。

（3）骑"飞车"。一般高校校园面积都比较大，宿舍与教室、图书馆等之间的距离比较远，所以许多大学生购买了自行车，课间或下课时骑自行车在人海中穿行是大学的一道风景线。但部分学生骑车技术也实在"高超"，居然能把自行车骑得与汽车比快慢，殊不知，就此埋下祸根。

（二）校园外常见的交通事故

1.行走时发生交通事故

大学生余暇空闲时购物、观光、访友要到市区活动，这些地方车流量大、行人多，各种交通标志眼花缭乱，与校园相比交通状况更加复杂，若缺乏通行经验发生交通事故的概率很高。难怪上海一所著名大学的校长说："在各个大学中普遍存在这样一种情况，少数学生书读得越多，越不会走路，遵守交通规则的意识淡薄，不仅在校园里乱骑车、乱停车，在马路上违反交通规则也时有发生。"

2.乘坐交通工具时发生交通事故

大学生离校、返校、外出旅游、社会实践、寻找工作等都要乘坐各种长途或短途的交通工具。全国各地高校大学生因乘坐交通工具发生交通事故的情况时有发生，有时甚至造成群体性伤亡，教训十分惨重。

四、交通安全注意事项

（一）提高交通安全意识

不管是校内还是校外，发生交通事故最主要的原因是思想麻痹、安全意识淡薄。作为一名在校大学生遵守交通法规是最起码的要求。若没有交通安全意识很容易带来生命之忧。

（二）自觉遵守交通法规

除提高交通安全意识、掌握基本的交通安全常识外，还必须自觉遵守交通法规，才能保证安全。以下两点是大家必须掌握并要在日常生活中严格遵守的。

（1）在道路上行走，应走人行道，无人行道时靠右边行走。走路时要集中精力，"眼观六路，耳听八方"；不与机动车抢道，不突然横穿马路、翻越护栏，过街走人行横道；不闯红灯，不进入标有"禁止行人通行""危险"等标志的地方。

（2）乘坐交通工具。乘坐市内公共交通应等车停稳后，依次上车，不挤不抢。车辆行驶中不得把身体伸出窗外；乘坐长途客车、中巴车时不能贪图便宜，乘坐车况不好的车，不要乘坐"黑巴""摩的"，因为这些车辆安全没有保障。乘坐火车、轮船、飞机时必须遵守车站、码头和机场的各项安全管理规定。

五、发生交通事故的处理办法

（一）及时报案

无论在校外还是在校内，一旦发生交通事故，首先应及时报案，有利于事故的公正处理，千万不能与肇事者"私了"。若在校外发生交通事故，除及时报案外，还应该及时与学校取得联系，由学校出面处理有关事宜。

（二）保护现场

事故现场的勘查结论是划分事故责任的依据之一，若现场没有保护好会给交通事故的处理带来困难，造成"有理说不清"的情况。切记，发生交通事故后要保护好事故现场。

（三）控制肇事者

若肇事者想逃脱一定要设法控制，自己不能控制可以发动周围的人帮忙控制，若实在无法控制也要记住肇事车辆的车辆牌号等特征。

六、大学生交通事故原因及典型案例

（一）走路看书或玩手机

某高校学生李某视力不佳，可他却最喜欢戴着耳机边听音乐边走路边看书，有时候车到了他跟前才发觉。同学提醒他要注意，他却当作耳边风。2010年11月的一天下午，他跟往常一样一边听着音乐一边看着书回宿舍，在经过一个十字路口时，一辆轿车从他左侧开过来，汽车鸣笛，他丝毫没有避让的意思，结果汽车刹车不及将他撞倒，幸好车速不是太快，否则性命难保。

（二）校园机动车超速

2010年5月，某高校两名男同学在操场踢完足球后，在回寝室的路上还余兴未尽，在路上相互边跑边传球，此时身后正好驶来一辆两轮摩托车，驾驶员躲闪不及撞上了其中的一名学生，驾驶员方向把握不稳，那名学生被撞成右小腿骨折。

（三）校园非机动车超速

2009年，某高校学生张某，头天晚上在网吧里上网到第二天凌晨四点多才回寝室休息。一觉醒来已快到了上课时间，他起床后顾不得梳洗匆匆下楼，骑上自行车朝上课的教学楼飞奔。当他骑到一个下坡向右转弯的路段时，本来车速已很快，但他还觉得慢，于是又猛踩了几下，就在这时迎面来了一辆小轿车，因车速太快避让不及，张某连人带车掉进了路旁的水沟里，致使右胳膊骨折，自行车摔坏。

（四）街头黑车非法运营

2008年，一大学女学生在毕业前夕，出校门搭乘一辆两轮摩托狂飙，结果摔倒在马路边，女生头部受重伤，致脑神经瘫痪。因为该摩托车系"野的"，无牌无证，医疗费得不到保险赔付。该女生本人命运和家庭经济处境都陷入极大的悲哀之中。

（五）行人横穿马路

2007年10月，某重点大学一名男生王某，周末与几个同学上街，街上车辆川流不息，行人熙熙攘攘，不一会儿丁某与同学掉了队。正当他着急得四处张望时，同学在马路对面大声叫丁某的名字，他就慌忙朝马路对面跑过去，此时一辆大卡车飞驰而来，将其撞倒并从他身上碾压过去，为此丁某付出了生命的代价。

（六）集体外出交通事故

2011年10月7日15时30分许，在滨保高速上行60km+700m处，一辆河北省的大客车与一辆山东省的小轿车发生交通事故，造成大客车侧翻，35人死亡，18人受伤。据伤者介绍，死者多为河北某大学学生（图7-2）。

图7-2 大客车侧翻

第二节　校外常见的交通事故

一、公共交通安全常识

（一）行人交通安全常识

（1）行人步行时，应当在人行道内行走；行人在没有人行道的道路上行走时，应靠道路的右侧行走。

（2）横穿马路时，应走人行横道、人行天桥或地下通道。在没有设交通信号、人行横道的路口或在没有过街设施的路段横过道路时，要注意观察、避让来往的车辆，做到"一停二看三通过"，在确保安全的情况下迅速直行通过。

（3）穿越十字路口时，要注意来往的车辆，应当按照交通信号灯指示通行，并服从交警的指挥和管理。

（4）不在车行道、桥梁、铁轨、隧道等处逗留、玩耍、打闹、抛物等。

（5）不宜坐、穿越、攀登或跨越道路和铁路的隔离设施，不扒车，不强行拦车。

（6）不进入高速公路、高架道路或者有人行隔离设施的机动车专用道。

（7）不在道路上进行滑板、旱冰等有碍交通安全的活动。

（8）突遇飞驰而来的汽车时，应立即朝与汽车行驶方向垂直的方向躲闪；不在车辆临近时突然加速横穿道路或中途倒退、折返。

（9）过马路时，不看手机，注意观察来往车辆。

（二）骑车安全常识

（1）自行车、电动车要在非机动车道行驶。在没有划分机动车道和非机动车道的道路上，应当靠车行道的右侧行驶，不逆向行驶。当不得不逆行时，要靠边行驶；车辆较多时，应推车行走。

（2）骑车时不能横冲直撞、争道抢行，要注意前方情况和左右方的安全，当机动车临近时要让行。

（3）行驶途中左拐弯时，要打手势向后面行驶车辆示意，禁止强行猛拐；在设有左拐指示灯的路口，左拐指示灯（绿灯）亮时，才能左拐。

（4）不牵引、攀扶车辆或者被其他车辆牵引；骑车时不双手离把、手中持物或使用手机。

（5）穿越十字路口时，要严格遵守交通信号灯的指示通行。

（6）通过人行道时，要注意避让行人；无人行横道的路段，横穿道路时，要主动避让机动车，不与机动车抢行；横穿机动车道时，要下车推行；通过无人看守的铁道路口时，要确认安全后再通过。

（7）超车时在不妨碍被超车辆正常行驶的前提下，从左侧超越，不S形行驶。

（8）在道路上骑车不互相追逐、打闹，不多人骑车并行或扶肩并行。

（9）骑车时，如遇到正在执行紧急任务的特种车辆（军警车、救火车、救护车、抢险车），应主动避让。

（10）不骑车闸、车铃失灵的车辆出行，途中车闸失灵时，要及时维修或推车行走。

（11）骑车时载人或载物应符合交通法规要求。

（12）骑电动车、摩托车时，速度不宜过快。

（13）骑车途中，不双耳插耳机及带耳麦听音乐或广播。

（14）遇暴雨、雷电、风雪等恶劣天气时，不选择骑车方式出行。

（15）严禁无证和酒后驾驶摩托车。

二、乘坐公共交通工具

（一）公交车、大巴车出行安全

公交车与大巴车是在校大学生出行常用的交通工具，在乘坐公交车或大巴车时需要注意以下安全事项。

（1）不要从车前、车后突然走出或猛跑横穿马路，这样极容易发生交通事故。看清路上左右来车后，选择适当时机再通过马路。

（2）乘坐公交车或大巴车须在公交站点或指定的地点候车，等车停稳后，依次上下车。

（3）选择好自己要乘坐的线路，到站点处排队依次上车，不要妨碍车辆的正常靠站停车，以免危害自身的人身安全。

（4）上车后尽量向里面走，抓稳扶手，头、手、身体不能伸向窗外，避免发生伤害事故。

（5）乘坐车辆时，不要看书（否则会损害眼睛）、向外抛洒物品、跳车、掏耳朵、咬舌头、相互追逐打闹。

（6）不要把易燃、易爆的危险品带入车内，易燃易爆物品容易在挤压、碰撞或车辆振动过程中引起燃烧或爆炸，严重危及大家的生命安全。

（7）不要在车未完全停稳时下车，下车后应注意观察道路来往的车辆。

（二）地铁出行安全

（1）安全线外候车。列车进站时不要探头张望，严禁擅自打开警示绳或越过安全黄线进入轨道交通道床、隧道；不要故意用身体或其他物品挡住车门；物品如落入轨道，请不要自行捞捡，应寻求车站工作人员的帮助。

（2）冷静上车，勿扒门。当列车车门的蜂鸣器响起、车门关闭时，请不要强行登车，以免发生危险。

（3）不要擅自拉下紧急装置。当列车在区间临时停车时，乘客应听取车厢广播，切不可擅自使用紧急拉手，从而导致列车迫停。

（三）网约车出行安全

近年来，网约车发展迅速，带来出行便利的同时也产生了一些问题。《人民日报》曾推出过网约车出行的小贴士，同学们可以参考学习。

（1）尽量不坐在副驾驶位置上。尤其是晚上，最好坐在司机正后方的座位，这样司机即便想发动袭击也不方便，乘客可有缓冲时间求救或采取自救措施。

（2）"财不外露"。如果带有大量现金一定要单独放，留下一小部分来付车费，途中也不要显露自己的身份及财务状况，以免发生意外。

（3）尽可能不选择拼车。半路有人要求拼车，坚决做到不认识不拼车，以防增添风险。

（4）注意观察推荐路线。发现司机绕行或者远远偏离既定路线时，可询问司机缘由并要求司机停车，不要只顾玩手机、听音乐，甚至睡觉，特别是在夜间单独乘车时，一定要提高警惕。

（5）如果遇到危险，要想方设法尽快通知自己的亲朋好友，说明自己的处境和方位，请求帮助。

（6）要求司机选择大道行驶，避免走没有路灯和指示牌的小路，夜间乘车尽量选择目的地附近较明亮、人较多的地方下车，如24小时便利店、水果店等。

（7）独自坐网约车时，可以在上车时把定位发给家人或朋友，并持续更新，这样哪怕出事，朋友都可以知道大概位置。

（四）高铁出行安全

1.候车上车安全

（1）保持通道出口畅通。保持检票口通道、楼梯及自动电梯的出口畅通很有必要，为防止人流较大时发生踩踏，不要与他人拥挤，拥挤很容易对自身和他人造成安全隐患，应自觉排队，保持良好秩序。

（2）在站台安全线以外排队候车。人如果越过了安全线，当有火车通过站台时，人与火车之间的空气流速变快、压强变小，人在压力差的作用下，会被"吸"向火车。尤其是雨天，更不要撑伞站在安全线以内，否则后果将不堪设想。

（3）先下后上有序上下车。列车到站后，先下后上，快上快下，不要冲抢车门；小心列车与站台边缘之间的空隙；为防止乘客踏空，通常高铁站台乘务员会放下踏板，不要拥挤，以免物品或行人掉入空隙当中。

（4）时刻照顾好同行的小孩和老人。上下车时，一定要对老人和小孩多多留心，不要盲目着急上下车，以防走散导致意外事件发生。

2.乘坐安全

（1）车门口的安全问题。旅客在站台上车时应排队，有序上车，防止有不法人员趁机实施盗窃。此外，特别提醒带小孩的旅客，上车时要拉紧孩子的手，防止小孩踩空，身体卡在与站台的缝隙中。

（2）大件行李的安全问题。高铁列车上有专门存放大件行李的存放处，旅客携带的行李箱经常会出现同一品牌的行李箱，有时颜色、大小都一样，很难分辨，特别容易发生错拿行李的现象。也有个别旅客临时见财起意，拎走别人的行李物品。每到一站前，可以活动一下身体、勤查看一下，以免丢失或拿错。

（3）行李架上的安全问题。高铁列车的行李架有点深，旅客放一般的行李物品不明显，特别是放小件行李或长筒状物品时，容易滑进行李架的里面，下车时容易被忽视。此外，有的旅客携带行李物品的颜色、大小相同或相似，容易拿错。记清自己携带行李物品的件数，以免发生遗落，还可以给自己的行李上加挂一些小饰品、小贴纸加以区别。

（4）座位前的安全问题。旅客在高铁上，有时会将手机、电脑等物品随意放在座位前的网兜内。有时在杂志或报纸的遮盖下，下车后就遗忘了。贵重物品一定要收好，防止丢失或被盗。

（5）车厢座位下的安全问题。为方便旅客给手机、电脑等充电，每个座位下都安装有充电设备。有的旅客充电时又忙着别的事情，就会忘记还在充电的手机或电脑等物品。下车时别忘记把充电的手机、电脑带走；同时，离开座位时，也不要将正在充电的手机、电脑放在座位上，可以先随身带走，等返回座位时再继续充电。

（6）卫生间的安全问题。有的旅客把包挂在卫生间内，离开时就忘记拿包了。还有的旅客在洗脸、洗手时，把手表、戒指或手链摘下放在一边，洗完就忘记拿。

（7）在卫生间吸烟引发的安全问题。列车是全封闭车厢，运行速度快。在运行中，一旦有旅客在车厢内的任意位置吸烟都会触发烟雾报警器，从而导致列车自动降速甚至紧急停车，严重影响列车安全。一趟车的延误就会造成全部后续列车的大面积晚点。

（8）不拉紧急制动阀。高速列车内有标明"危险勿动（紧急用）"的红色手把（按钮），这就是紧急制动阀（按钮）。紧急制动阀（按钮）的作用是遇有行车和人身安全的紧急情况时，迫使行驶中的列车采取紧急制动。列车行驶中，在一般情况下只有列车长、乘警、检车乘务员等才可以使用紧急制动阀（按钮），旅客是不能动用的。

（9）不乱动应急锤、灭火器。应急锤是在发生紧急情况时，列车紧急制动停车后，用于敲碎车窗玻璃自救逃生的工具；灭火器用于扑灭火灾。应急锤、灭火器关乎旅客生命。一是不能拿走或挪动位置，否则影响发生紧急情况时旅客自救和逃生；二是在正常情况下不许使用这些设备，以免造成严重后果。

（五）飞机出行安全

（1）飞机的安全性与机身大小无关，与具体型号及其设计有关。通常情况下，大型客机比小型客机乘坐起来更舒适，这是因为遇到气流颠簸时，大型客机会飞得相对平稳，但这并不意味着小型客机更容易失事。

（2）严重哮喘、肺炎、支气管扩张、急性肺水肿等患者，脑梗死、脑动脉硬化的患者不适合乘坐飞机出行。此外，对于接近预产期的孕妇，在旅行时可能导致早产，而且在飞行中分娩是较危险的，因此怀孕超过8个月的孕妇，也不应乘坐飞机。

（3）按照规定，飞行全程必须系好安全带，特别是在飞机起飞时直至飞机在空中平稳飞行，以及飞机开始下降直至结束在跑道上滑行的这十几分钟里；另外，飞机上严禁吸烟，吸烟不但会污染空气，更为重要的是容易引发火灾，酿成重大事故。

（4）若飞机在高空中遇到事故，应先系好安全带；此外，在颠簸过程中还要采取有效的防冲击姿势：手扶前座椅，弯腰，身体呈弓形趴着，以减轻冲撞。紧急撤离时要根据空乘人员的指示，采取正确的跳滑梯姿势：双手双脚向前伸直，足尖翘起。撤离飞机的过程中动作要快，尽量避免携带任何行李。

三、驾驶安全

（一）安全驾驶常识

1.出车前的安全工作
出车前一定要认真检查车辆，确认车辆无故障后方可出车；出车时还要带齐有关证件，系好安全带，保障行车安全。

2.集中注意力，注意观察路况
开车时要注意观察路况，养成看后视镜的良好习惯，避免安全隐患。开车时不要看手机、不要与他人聊天，防止出现意外。

3.保持安全车距，不超速驾驶
在行驶过程中要与前车保持安全距离，不要超速行驶。

4.拒绝酒后驾车
这些年以来，酒后驾驶导致的事故越来越多。

酒驾有三大认识误区。

误区一：酒后骑摩托车不属于酒驾。

有人认为，酒后驾驶摩托车，不算酒后驾驶，但事实上，二轮、三轮摩托车都属于机动车，和汽车一样，酒后驾驶摩托车一样要受到相应的处罚。

误区二：自己酒量大，喝一点不碍事。

有的驾驶员存在侥幸心理，觉得自己酒量好，少喝点或是喝完休息一会儿再驾车上路没有大问题。其实，酒量的好坏和血液酒精浓度没有必然关系。法律规定，100mL血液中酒精含量达到20～80mg为饮酒驾车，80mg以上认定为醉酒驾车。醉驾的认定标准与酒量大小没有任何关系，酒量大的人饮酒后即便神志清醒，血液中的酒精含量也有可能达到酒驾标准。根据酒量来判定是否酒驾，这是毫无科学依据的（图7-3）。

误区三：隔餐酒、隔夜酒不属于酒驾。

很多人中午过量饮酒后下午虽然没开车但夜间开车，或是晚上饮酒当晚没开车，次日早上开车，不能就此认为万事大吉了。因为这时血液中仍然含有大量酒精，还是有可能构成饮酒驾驶或醉驾，这就是我们通常所说的"隔餐醉"或"隔夜醉"。

图7-3 酒驾检测

（二）暴雨天安全驾驶技巧

下雨天开车一定要更加小心，不仅是雨天路滑，雨量太大也容易影响视线。尤其是暴雨天气，一不注意就会引发事故。所以，必须了解暴雨天开车注意事项。而且暴雨开车出行安全需要技巧，下面为大家介绍一下暴雨天安全行车技巧。

（1）在高速公路上行车，发现高速公路雨势很大加上车轮溅起的水花，使行车视线不足150m时，驾驶员应减速行驶，开启危险警告闪光灯，以引起其他驾驶员的注意。另外，最好尽快驶入服务区躲避。

（2）驾驶的车辆由于雨天天气潮湿，使挡风玻璃起雾，视线模糊不能看清前方道路及车辆行驶情况。这时，需要开启空调将挡风玻璃上的雾水吹干。

（3）高速公路上遇路面积水时，由于积水深浅难以判断，有些驾驶员会下意识打方向盘、踩刹车，却不知当车轮驶过积水时，前后轮胎或左右轮胎与地面的摩擦系数不同，容易导致车身失去平衡，造成车辆失控。当驾驶员遇到此种情况时，不可茫然踩刹车，而应握紧方向盘，松开油门，让车辆自行通过积水区。

（4）车辆变更车道的时候，由于雨天影响，倒车镜上蒙上一层雾水，并挂有雨珠，不能清晰反射出后方来车的情况，致使驾驶员不能迅速判断道路情况及前后车辆的间距，进而影响行车安全。当驾驶员遇到此类情况时，应减速行驶，确定安全的行车间距后，再采取变换车道的措施。

（5）前车溅起的水花落到行驶车辆的挡风玻璃上，阻挡了驾驶员的视线，造成一些驾驶员惊慌失措，盲目转向或采取制动措施，导致意外发生。当驾驶员碰到这种情况时，应紧握方向盘，保持原有的行车路线，继续前行。因为溅起的水花在挡风玻璃上形成的水幕，瞬间就会被不停工作的雨刮器清除。

（6）如果驾驶员不幸发生交通事故，应立即开启危险警告灯，放好危险警告标志牌（俗称三角牌），人员迅速撤离至护栏外，迅速拨打报警电话等待救援。因为发生事故的地段很可能发生二次事故，对车辆及人员造成二次伤害，所以千万不要躲在事故车内避雨。

拓展阅读

100多辆车高架桥上追尾，致9人受伤！最新通报来了

2024年2月23日上午7时许，苏州工业园区娄江快速路高架段，因道路结冰，发生多台车辆碰撞事故，有人员受伤。

2月23日11时25分，苏州市公安局园区分局交警大队发布警情通报：今日7时许，苏州工业园区星塘立交唯新路段，发生多车追尾交通事故，造成3人受伤，已送医救治；6人轻微擦伤，无大碍。现道路恢复正常通行，事故原因正在调查中。

据记者初步了解，现场发生100多台车辆碰撞事故，部分驾驶员、乘客轻伤，无重大人员伤亡，目前初步统计人保车辆约50台，已报案40台，理赔人员已赴现场查勘，目前警保人员已介入跟进事故定责。近期的这轮寒潮天气过程，给我国大部地区带来低温、雨雪以及冰冻天气，给道路出行带来极大不便。

公众需提高安全意识，外出应及时关注路况信息，尽量避开受恶劣天气影响的路段。高架、桥梁、涵洞、隧道容易结冰，追尾等交通事故发生率也随之上升，驾驶人应尽量避开清晨和夜间两个时段在这些路段行车。

出门前应注意检查雨刷器，如果开车途中车窗有水雾，驾驶人可以把空调调到吹风挡，风口调向挡风玻璃，用风力把雾气驱除。记住不要开外循环，那样会把车外的湿气更多地带进车内，水雾就会越来越严重。

遇到道路结冰，司机要采取防滑措施，如给车装上防滑链，慢速驾驶，开车时一定要降低车速，避免紧急制动、紧急转向，以防车辆侧滑发生危险。

在地上有冰的情况下，路面的制动距离是干燥路面的2~3倍，驾驶人开车的时候应注意与其他车辆保持横向及纵向安全距离，行驶中尽量减少来回并线、变道和超车。

雨雪天气视线较差，开车的时候还应打开近光灯、示廓灯和前雾灯。如果雨势较大，可以开启后雾灯，让后车更容易发现自己的位置。

驾驶人在开车的时候一定要时刻留意路面状况。同一段路，也有可能因为阴阳面不同、阳光照射强度不同等情况，导致路面的湿滑情况不一样。尤其是当拐入一段背阴面的道路时，更应减速缓行，以提防冰面（图7-4）。

（来源：武汉广播电视台 光明网，2024-02-23，18:06）

图7-4 道路结冰致碰撞事故

（三）八种不良驾驶习惯

（1）转向掏轮。汽车拐弯时，左手或右手反握方向盘，这样做虽然转向省力，但遇到颠簸时，极易将手腕打伤，特别是遇到紧急情况时，回轮速度慢，极易造成交通事故。

（2）长时间踩离合器。有些老司机为了省事、新司机怕车辆熄火，左脚总是不离离合器，时间一长，就会造成离合器片打滑，分离轴承烧毁，驱动桥齿轮损坏。

（3）开车时不系安全带。汽车启动后才一手扶方向盘，一手拉伸安全带，此时因用力不均，车辆极易跑偏。

（4）开车找挡位。有些新司机在换挡时，会下意识地低头察看，这种做法非常危险。

（5）小动作过多。揉眼睛、挠痒、拍打蚊虫、到后座摸东西、点烟、玩手机、拣拾物品等，都会分散注意力引发事故。

（6）手不离挡把。司机图舒服，往往一手握方向盘，一手放在挡把上，且不说遇到紧急情况时来不及转动方向，而身体的重量通过手臂传到挡把上，也会造成闸箱齿轮咬合不稳。

（7）停车不入位。有的司机只顾自己方便，要么随意停车，要么紧紧贴住其他车辆，这样不但影响交通秩序，还容易引发争执。

（8）还有诸如并线、拐弯不开转向灯，熄火滑行，猛踩油门，停车后不拉手刹或启动后忘松手刹等不良习惯，也都是十分有害的。

第三节 交通事故的预防与处理

根据《中华人民共和国道路交通安全法》规定，道路交通事故是指车辆在道路上因过错或者意外造成的人身伤亡或者财产损失的事件。

一、交通事故发生原因

（一）疲劳驾驶

据统计，每天上午11时至下午1时、下午5时至晚上9时是交通事故的高发时段，这个时段车辆多、行人乱穿马路等紧急情况较多，司机容易出现神经和视觉疲劳，导致判断失误、处理不当，再加上是上下班高峰期，所以这个时段发生的交通事故占交通事故总量的40%。而午夜0时至凌晨3时，正是人容易犯困、感觉疲劳的时段，此时道路上车辆、行人稀少，不少司机可能放松警惕而超速行驶，也较易导致汽车撞到路边的树木、建筑物上，从而发生重大交通事故（图7-5）。

图7-5 疲劳驾驶

（二）不遵守交通规则

车况瞬息万变，需要司机高度集中注意力。路上往往有行人乱穿马路、非机动车逆行、闯红灯等不遵守交通规则的现象，这些都容易引发交通事故。

（三）不健康的行车心理

这些心理现象主要包括：有的司机在路上开"赌气车""霸王车"，不允许别人的车超自己的车；有的司机故意长时间占用超车道，不管身后的车怎样提示，依然我行我素；有的司机自恃技术高超，在车流里左突右冲；有的司机夜晚开车时不关远光灯，用强光照射前方，致使对面方向的人视线模糊；有的司机对别人的不良行为不满，不正确劝阻，却在行进途中故意挤超对方。

二、交通事故自救常识

（1）车祸发生时，驾乘者应沉着冷静，保持清醒的头脑，千万不要惊慌失措。

（2）驾驶人要迅速辨明情况，按照"先救人、后顾车；先断电路，后断油路"的原则，把事故损失降到最低。

（3）发生翻车事故时，驾驶人应紧紧抓住方向盘，两脚钩住离合器踏板或油门踏板，尽量使身体固定，防止在驾驶室内翻滚、碰撞而导致伤害。如果驾驶室是敞开式的，翻车时驾驶人应尽量缩小身体往下躲，或者设法跳车。乘客应迅速趴到座椅上，紧紧抓住前排座椅或扶杆、把手等固定物，低下头，利用前排座椅靠背或手臂保护头部；若遇翻车或坠车时，应迅速蹲下身子，紧紧抓住前排座位的椅脚，身体尽量固定在两排座椅之间，随车翻转；车辆在行驶中发生事故时，乘客不要盲目跳车，应在车辆停下后再陆续撤离。

（4）一旦人被抛出驾驶室或车厢，应迅速抱住头，并缩成球状就势翻滚，其目的是减小落地时的反作用力，减轻头部、胸部的损伤，同时尽量远离危险区域。

（5）当翻车已不可避免，需要跳车时，应用力蹬双脚，增大向外抛出的力量和距离，不能顺着翻车的方向跳车，以防跳出后又被车辆重新压上。

（6）在撞车事故中，巨大的撞击力常常对人造成重大伤害。为此，搭乘人员应紧握扶手或靠背，同时双脚稍微弯曲用力向前蹬，使撞击力尽量消耗在自己的手腕和扶手/靠背之间，减缓身体向前冲的速度和力量。

（7）撞击失火。司机应立即熄火停车，切断油路、电源，让车内人员有序下车。若车辆碰撞变形，车门无法打开，可从前后挡风玻璃或车窗处脱身。万一身上着火，可下车后倒地滚动，边滚边脱衣服。切记不要张嘴深呼吸或高声呼喊，以免烟火灼伤上呼吸道。

（8）被卡车内。如果车门打不开，可尝试按下车窗找机会逃离；如伤势严重出血量大，可用力按压出血点止血。

（9）车辆落水。先深呼吸再开车门，若水较浅，未全部淹没车辆，设法从门窗处离开车辆；若水较深，可不急于打开车门与车窗玻璃，此时车厢内氧气可供司机和乘客维持几分钟。车内人员将头部伸入水面，迅速用力推开车门或玻璃，再浮出水面。

（10）车辆追尾。当碰撞主要方位不在司机一侧时，司机应双手紧握方向盘，两腿向前蹬直，身体后倾，保持身体平衡，以免在车辆撞击时头撞到挡风玻璃；如碰撞主要方位临近司机或撞击力度过大，司机应迅速躲离方向盘，并将两脚抬起，以免受到挤压。

三、交通事故互救常识

（1）首先设法拨打交通事故报警电话"122"或派人报告公安交通管理部门，告知出事的时间、地点、伤亡情况等；并设法通知紧急救护机构，请求派出救护车和救护人员。

（2）对于伤员不必急于把他们从车上或车下往外拖，而应该首先检查伤员是否失去知觉，还有没有心跳和呼吸，有无大出血，有无明显的骨折；如果伤员已发生昏迷，可先松开他们的颈、胸、腰部的贴身衣服，把头转向一侧并清除口鼻中的呕吐物、血液、污物等，以免引起窒息；如果心跳和呼吸都停止了，应该马上进行口对口人工呼吸和胸外心脏按压。

（3）如果有严重外伤出血，可将头部放低，伤处抬高，并用干净的手帕、毛巾在伤口上直接压迫或把伤口边缘捏在一起止血。

（4）发生开放性骨折和严重畸形，可能由于伤员穿着衣服难以发现，因此不应急于搬动伤者或扶其站立，以免骨折断端移位，损伤周围血管和神经。如果伤员发生昏迷、瞳孔缩小或散大，甚至对光反映消失或迟钝，则应考虑有颅内损伤情况，必须立即送医院抢救。

（5）至于一般的伤员，可根据不同的伤情予以早期处理，让他们采取自认为恰当的体位，耐心地等待有关部门前来处理。

四、交通事故应急救援

（一）立即停车

当你驾驶的车辆发生交通事故时，必须立即停车，停车以后按规定拉紧手制动，切断电源，开启危险报警闪光灯，如夜间事故还需开示廓灯、尾灯。在高速公路发生事故时还须在车后按规定设置危险警告标志。

（二）及时报案

发生交通事故车辆的驾驶员或同车人员在事故发生后，应及时将事故发生的时间、地点、肇事车辆及伤亡情况，打电话或委托过往车辆、行人向附近的公安机关或执勤交警报案，在警察到来之前不能离开事故现场，不允许隐匿不报。在报警的同时，也可向附近的医疗单位、急救中心呼救、求援。如果现场发生火灾，还应向消防部门报告。"交通事故报警""急救中心""火灾报警"的全国统一呼叫电话号码分别为"122""120""119"（图7-6）。当事人需得到对方明确答复方能挂机，并立即回到现场通报联系情况、等候救援及接受调查处理等。在报案结束以后，立即向车辆投保的保险公司报告，等待保险公司的救援人员到来协助公安交警处理事故（图7-7）。

图7-6　及时报案

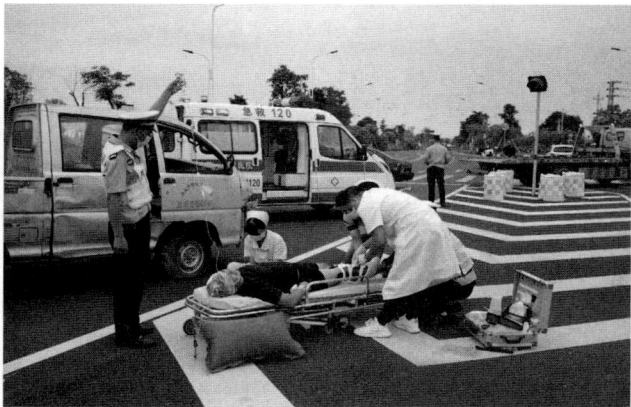

图7-7　交通事故救援

（三）保护现场

保护现场的原始状态，包括其中的车辆、人员、牲畜和遗留的痕迹、散落物等，不随意挪动位置。当事人在交通警察到来之前可以用绳索等设置保护警戒线，防止无关人员、车辆等进入，避免现场遭受人为或自然条件的破坏。为抢救伤者，必须移动现场肇事车辆、伤者等，应在其原始位置做好标记，不得故意破坏、伪造现场。

（四）抢救伤者或财物

当事人确认受伤者的伤情后，能采取紧急抢救措施的，应尽最大努力抢救，包括采取止血、包扎、固定、搬运和心肺复苏等措施。并设法送至就近的医院抢救治疗，除未受伤或虽有轻伤但本人拒绝去医院诊断外，一般可以拦搭过往车辆或通知急救部门、医院派救护车前来抢救。对于现场散落的物品及被害者的钱财应妥善保管，注意防盗防抢。在有可能发生大火、爆炸的险情时，应及时采取措施排除。

（五）做好防火防爆措施

事故当事人还应做好防火防爆措施，首先应关掉车辆的引擎，消除其他可能引起火警的隐患。事故现场禁止吸烟，以防引燃泄漏的燃油。载有危险物品的车辆发生事故时，危险性液体、气体发生泄漏，要及时将危险物品的化学特性，如是否有毒，易燃易爆、腐蚀性及装载量、泄漏量等情况通知警方及消防人员，以便采取防范措施。

（六）协助现场调查取证

在交通警察勘察现场和调查取证时，当事人必须如实向公安交通管理机关陈述交通事故发生的经过，不得隐瞒交通事故的真实情况，应积极配合协助交通警察做好善后处理工作，并听候公安交警部门处理。

在发生交通事故之后，双方应该立即停车，如果有人员伤亡就及时拨打急救电话和交警电话，并且要保护现场的痕迹，否则之后再进行责任认定的时候就会比较麻烦。

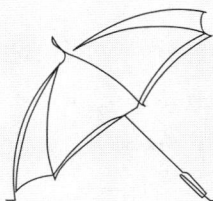

第八章
自然灾害安全

案例导入

湖北兴山"3·21"阳泉村崩塌避险：地灾气象风险预警直达基层。

2022年3月21日18时40分，湖北省宜昌市兴山县南阳镇阳泉村2组彭家院子后山发生一起崩塌，造成周边房屋、村道、农田不同程度受损。因地质灾害气象风险提前预警，相关人员被及时撤离，避免可能人员伤亡13户40人。

该地质灾害点位于兴山断裂东盘。崩塌区域山高坡陡，之前遭遇的强降雨和生长在岩体裂隙中的植物，已经引起岩体破坏变形。2022年3月20日，湖北省、宜昌市、兴山县的相关部门先后对兴山县加密发布地质灾害气象风险预警和强降雨预警，兴山县自然资源和规划局、南阳镇人民政府、南阳镇国土资源所立即响应，加强巡排查工作。3月21日17时，村民听到屋后有岩石滚落，迅速反映给网格专管员。网格专管员巡查发现后山陆续有小块岩石滚落，立即组织该户及周边邻居撤离，并上报。接报后，相关部门迅速带领地灾防治专家到场，通过科学研判及会商划定危险范围，后由镇、村组织紧急转移相关群众。18时40分，该处发生崩塌。

启示：本次成功避险得益于"四个到位"。一是预警到位。省、市、县提前发布地质灾害气象风险预警，预警信息直达基层地质灾害防治"四位一体"网格员和群测群防员。二是责任落实到位。网格员及时响应，加强网格内高风险区巡排查。三是宣传培训到位。兴山县每年定期组织对村民授课培训和演练，群众防灾避险意识不断提高。四是避险响应到位。地方政府和相关单位通力合作，及时组织受威胁群众撤离并妥善安置。

第一节　认识自然灾害

一、自然灾害产生的原因

纵观人类的历史可以看出，灾害的发生原因主要有两个：一是自然变异，二是人为影响。自然灾害（natural disasters）是指给人类生存带来危害或损害人类生活环境的自然现象。地球上的自然变异，包括人类活动诱发的自然变异，自然灾害孕育于由大气圈、岩石圈、水圈、生物圈共同组成的地球表面环境中，无时无地不在发生，当这种变异给人类社会带来危害时，即构成自然灾害。因为它给人类的生产和生活带来了不同程度的损害，包括以劳动为媒介的人与自然之间，以及与之相关的人与人之间的关系。灾害都是消极的或破坏的作用。所以，自然灾害是人与自然矛盾的一种表现形式，具有自然和社会两重属性，是人类过去、现在、将来所面对的最严峻的挑战之一。

世界范围内重大的突发性自然灾害包括：旱灾、洪涝、台风、风暴潮、冻害、雹灾、海啸、地震、火山、滑坡、泥石流、森林火灾、农林病虫害、宇宙辐射、赤潮（极少出现影响小）等。中国国土空间上常见的自然灾害种类繁多，主要包括洪涝、干旱灾害，台风、冰雹、暴雪、沙尘暴等气象灾害，火山、地震灾害，山体崩塌、滑坡、泥石流等地质灾害，风暴潮、海啸等海洋灾害，森林草原火灾和重大生物灾害等。自然灾害是地理环境演化过程中的异常事件，却成为阻碍人类社会发展的最重要的自然因素之一。

二、自然灾害的危害性

除人员伤亡和经济损失，自然灾害也会引起压力、焦虑、压抑以及其他情绪和知觉问题。影响的时间以及为什么有些人不能尽快适应仍然是未知数。在洪水、龙卷风、飓风以及其他自然灾害过后，受害者会表现出恶念、焦虑、压抑和其他情绪问题，这些问题会持续一年。一种极度的灾难的持续效果，称为创伤后应激障碍，即经历了创伤以后，产生持续的、不必要的、无法控制的无关事件的念头，强烈的避免提及事件的愿望、睡眠障碍、社会退缩以及强烈警觉的焦虑障碍。

由此可见，我们要在思想上高度重视，筑牢自然灾害安全的防线，最大限度地减少自然灾害造成的损失，让人民的生命财产安全和精神情绪稳定得到坚实有效的保护。

第二节　自然灾害防范

一、暴雨防范

（一）防范措施

1.在室内

低楼层的人员应迅速就近向山坡、高地、楼房高层、避洪台等地转移；离开时断掉室内电源，关闭各级燃气开关；室外积水漫入室内时，应立即切断电源，防止积水带电伤人；随身携带手机、充电线、充电宝，确保有通讯能力。可因地制宜，在门口放置挡水板、堆置沙袋或堆砌土坎，危旧房屋或在地洼地势住宅的人员及时转移到安全地方。

2.在室外

寻找地势较高的高层建筑的2楼以上区域进行躲避。在路上，可用木棍或长柄雨伞等直立插入水中探路，避开广告牌、变压器、电线杆等危险物，远离建筑工地临时围墙。不要贸然涉水前行，警惕井盖、下水道、排污井等，若发现地面有漩涡，一定要绕行。

3.开车时

雨天行车时要降低车速、保持车距，遇到积水路段要谨慎慢行。驾驶员遇到路面或立交桥下积水过深时，应尽量绕行，避免强行通过。汽车在低洼处熄火时，千万不要在车上等候，应下车到高处等待救援。

4.监测和预警

及时关注天气预报和气象部门发布的暴雨预警信息。

（二）暴雨预警信号

暴雨预警信号分四级，分别以蓝色、黄色、橙色、红色表示（图8-1）。

1.暴雨蓝色预警信号

12小时内降雨量将达50mm以上，或者已达50mm以上且降雨可能持续。

2.暴雨黄色预警信号

6小时内降雨量将达50mm以上，或者已达50mm以上且降雨可能持续。

3.暴雨橙色预警信号

3小时内降雨量将达50mm以上，或者已达50mm以上且降雨可能持续。

图8-1　暴雨预警信号

4.暴雨红色预警信号

3小时内降雨量将达100mm以上，或者已达100mm以上且降雨可能持续。

二、暴雪防范

（一）防范措施

1.在室内

关好门窗，尽量减少外出，做好防寒保暖准备，储备足够的食物和水。检查房屋建筑的安全性，如不结实或者不安全要立即转移。

2.在室外

不要站在屋檐下，以防被高处掉落的冰棱砸伤，通过桥洞和屋檐时要小心观察，或者绕道而行。出门时最好换上比较防滑的鞋，路面结冰时要慢行。如果摔倒，尽量用手部、双肘撑地，以减轻后背、后脑勺撞向地面的冲击力。

3.开车时

开车前可给轮胎少量放气，以增加轮胎与路面的摩擦力。行驶在没有把握的光滑路面要轻缓加油，急加油会使车轮空转打滑、方向失控，尽量走冰雪路面上的顺向车辙和沟槽。

4.关注天气预报和警报

密切关注天气预报和当地气象部门发布的暴雪警报信息。提前了解暴雪的预测时间、强度和持续时间，以便采取相应的防范措施。

5.准备应急物资

在暴雪来临前，储备足够的食物、水、药品、应急灯具、暖气设备和备用电池等生活必需品。确保足够的供暖和照明设备，以备不时之需。

6.应急联系和求助

确保手机和电池充满电，随时保持通信联系。记下当地应急服务电话号码，并了解附近的避难所或安全场所的位置。

7.帮助他人

关心老人、儿童和弱势群体，提供帮助和支持。与邻居保持联系，共同应对暴雪带来的困难。

8.定期清理积雪

在暴雪停止后，及时清理屋顶、门口、车辆和人行道等积雪，以免积雪堆积过多造成危险。

重要的是，对于暴雪天气要保持警惕和冷静，遵循相关的安全指导和建议。避免不必要的出行和活动，确保个人和家庭的安全。如遇紧急情况，及时向当地的应急救援机构求助。

在应对暴雪期间，需要政府、救援机构、社区和个人共同努力，确保安全和应急响应的有效性。定期进行演练和培训，提高应对暴雪灾害的能力。同时，加强对公众的教育和宣传，提高暴雪灾害的认识和防范意识。

（二）暴雪预警信号

暴雪预警信号分四级，分别以蓝色、黄色、橙色、红色表示（图8-2）。

1.暴雪蓝色预警信号

12小时内降雪量将达4mm以上，或者已达4mm以上且降雪持续，可能对交通或者农牧业有影响。

2.暴雪黄色预警信号

12小时内降雪量将达6mm以上，或者已达6mm以上且降雪持续，可能对交通或者农牧业有影响。

3.暴雪橙色预警信号

6小时内降雪量将达10mm以上，或者已达10mm以上且降雪持续，可能或者已经对交通或者农牧业有较大影响。

图8-2 暴雪预警信号

4.暴雪红色预警信号

6小时内降雪量将达15mm以上，或者已达15mm以上且降雪持续，可能或者已经对交通或者农牧业有较大影响。

三、雷暴防范

雷暴天气防范措施如下。

1.在室内

在雷雨天，人应尽量留在室内，不要外出，关好门窗，尽量远离门窗、阳台和外墙壁，不要靠近、触摸任何金属管线，包括水管、暖气管、煤气管等。尽可能关闭或不使用各类家用电器和通信设备，并拔掉电源插头；不要使用太阳能热水器。不要赤脚站在泥地或水泥地上，脚下最好垫有不导电的物品，坐在木椅子上等。

2.在室外

找地势低的地方蹲下，双脚并拢，手放在膝上，身向前屈。远离树木、电线杆等尖耸孤立的物体。不要打伞，不要使用手机。不要在河里游泳或划船，以防雷电通过水介击中人体。在野外遇雷雨时，尽快找一低洼或沟渠蹲下，不要在孤立的大树、高塔、电线杆下避雨。

3.开车时

不要将车停在空旷的空地或是高地上，或是树下、高大的烟囱下。收回汽车天线，关掉发动机引擎和收音机等设备。不要轻易下车，关好车门车窗。

4.关注天气预报和警报

及时了解当地的天气预报和雷暴警报信息。电视、广播、气象网站或应用程序等渠道可以提供相关信息。在预测有雷暴天气时，要保持警觉并采取相应的预防措施。

5.保护宠物和家畜

为宠物和家畜提供安全的庇护所，将它们带到室内，远离雷暴的危险。

6.学习雷电的知识

了解雷电的基本知识，包括如何判断雷暴距离、认识雷电的警告标志和安全规则等。这有助于更好地预防和应对雷暴。

重要的是，在雷暴来临前和在这期间保持警觉，遵循相关的安全指导和建议。

四、沙尘暴

（一）防范措施

1.在室内

大风袭来时，应快速关闭窗户，拉下窗帘，清理阳台上的物品。人不能站在窗口边，以免强风席卷沙石击破玻璃伤人。处在迎风、空旷区域等易被大风吹到的房屋内，居于木屋、临时房内以及紧靠高压线的人员，都应在大风到来之前迁移到安全的地方。

2.在室外

尽量减少外出，外出时戴口罩，用纱布蒙住头，以免沙尘侵害眼睛和呼吸道。不要在广告牌、临时建筑物下逗留、避风。机动车应谨慎驾驶，减速慢行，密切注意路况，保证交通安全。走路、骑车时少走高层建筑之间的狭长通道，因为狭长通道会形成"狭管效应"，风力在通道中会加大，从而给行人带来一定的危险。

（二）沙尘暴预警信号

沙尘暴预警信号分三级，分别以黄色、橙色、红色表示（图8-3）。

图8-3　沙尘暴预警信号

1.沙尘暴黄色预警信号

12小时内可能出现沙尘暴天气（能见度小于1000m），或者已经出现沙尘暴天气并可能持续。

2. 沙尘暴橙色预警信号

6小时内可能出现强沙尘暴天气（能见度小于500m），或者已经出现强沙尘暴天气并可能持续。

3. 沙尘暴红色预警信号

6小时内可能出现特强沙尘暴天气（能见度小于50m），或者已经出现特强沙尘暴天气并可能持续。

五、洪水

洪水灾害防范措施如下。

1. 来临前

留意天气预报，提高警惕，在洪水到来前撤离。

2. 来临时自救

如时间充裕，应向山坡、高地等处转移。若来不及，就近迅速向山坡、高地、楼房、避洪台等地转移，或爬上屋顶、楼房高层、大树、高墙等高地暂避，等待救援。如暂避地已不安全，迅速找一些门板、桌椅、木床、箱子、大块的泡沫塑料等能在水上漂浮的材料扎成筏逃生。逃生时要向行洪道两侧快速躲避。千万不可攀爬带电的电线杆、铁塔。发现高压线铁塔倾斜或者电线断头下垂时，一定要迅速远离，防止触电。

3. 落水自救

不要慌张，尽量让身体漂浮在水面，头部浮出水面，抓住身边漂浮的任何物体。如不会游泳，面朝上头向后仰，双脚交替向下踩水，手掌拍击水面，让嘴露出水面，呼出气后立刻使劲吸气。

六、台风

（一）防范措施

1. 台风到来前

用胶布在窗户上贴成米字形，加固门窗；储存足够的食物和饮用水，以及手电筒、蜡烛、常用药等物品。处于危旧房屋和可能受淹的低洼地区的人要及时转移。检查电路、炉火、煤气等设施是否安全。幼儿园、中小学校应采取暂避措施，必要时停课。露天集体活动或室内大型集会应及时取消，并做好人员疏散工作。

2. 台风到来时

尽量不要外出，如果在外面，则不要在临时建筑物、广告牌、铁塔、大树等附近避风避雨。开车时则应立即将车开到地下停车场或隐蔽处。如果在海上，万一躲避不及或遇上台风时，应及时与岸上有关部门联系，争取救援。等待救援时，应主动采取应急措施，迅速果断地采取离开台风的措施，如停（滞航）、绕（绕航）、穿（迅速穿过）。强台风过后不久的风浪平静，可能是台风眼经过时的平静，此时泊港船主千万不能为了保护自己的财产，回去加固船只。有条件时在船舶上配备信标机、无线电通信机、卫星电话等现代设备。在没有无线电通信设备的时候，当发现过往船舶或飞机，或与陆地较近时，可以利用物件及时发出易被察觉的求救信号，如堆"SOS"字样，放烟火，发出光信号、声信号，摇动色彩鲜艳的物品等。

3.台风过后

由于洪水的冲刷污染了生活用水和居住地，加之蚊蝇的大量滋生繁殖、老鼠的迁移，造成了生活环境的严重污染；长期阴雨、室内受淹，食品容易发霉变质。以上这些因素均易给人体的健康带来危害，特别是容易发生肠道传染病的暴发流行。为此，特别要注意传染病的防治工作。

（二）台风预警信号

台风预警信号分四级，分别以蓝色、黄色、橙色和红色表示（图8-4）。

1.台风蓝色预警信号

24小时内可能或者已经受热带气旋影响，沿海或者陆地平均风力达6级以上，或者阵风8级以上并可能持续。

2.台风黄色预警信号

24小时内可能或者已经受热带气旋影响，沿海或者陆地平均风力达8级以上，或者阵风10级以上，并可能持续。

3.台风橙色预警信号

12小时内可能或者已经受热带气旋影响，沿海或者陆地平均风力达10级以上，或者阵风12级以上，并可能持续。

图8-4 台风预警信号

4.台风红色预警信号

6小时内可能或者已经受热带气旋影响，沿海或者陆地平均风力达12级以上，或者阵风达14级以上，并可能持续。

七、其他自然灾害预警

（一）寒潮预警信号

寒潮预警信号分四级，分别以蓝色、黄色、橙色、红色表示（图8-5）。

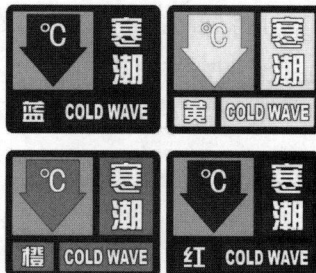

图8-5 寒潮预警信号

1.寒潮蓝色预警信号

48小时内最低气温将要下降8℃以上，最低气温小于或等于4℃，陆地平均风力可达5级以上；或者已经下降8℃以上，最低气温小于或等于4℃，陆地平均风力达5级以上，并可能持续。

2.寒潮黄色预警信号

24小时内最低气温将要下降10℃以上，最低气温小于或等于4℃，陆地平均风力可达6级以上；或者已经下降10℃以上，最低气温小于或等于4℃，陆地平均风力达6级以上，并可能持续。

3.寒潮橙色预警信号

24小时内最低气温将要下降12℃以上，最低气温小于或等于0℃，陆地平均风力可达6级以上；或者已经下降12℃以上，最低气温小于或等于0℃，陆地平均风力达6级以上，并可能持续。

4.寒潮红色预警信号

24小时内最低气温将要下降16℃以上，最低气温小于或等于0℃，陆地平均风力可达6级以上；或者已经下降16℃以上，最低气温小于或等于0℃，陆地平均风力达6级以上，并可能持续。

（二）大风预警信号

大风（除台风外）预警信号分四级，分别以蓝色、黄色、橙色、红色表示（图8-6）。

1.大风蓝色预警信号

24小时内可能受大风影响，平均风力可达6级以上，或者阵风7级以上；或者已经受大风影响，平均风力为6～7级，或者阵风7～8级，并可能持续。

2.大风黄色预警信号

12小时内可能受大风影响，平均风力可达8级以上，或者阵风9级以上；或者已经受大风影响，平均风力为8～9级，或者阵风9～10级，并可能持续。

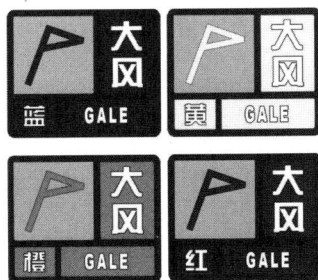

图8-6 大风预警信号

3.大风橙色预警信号

6小时内可能受大风影响，平均风力可达10级以上，或者阵风11级以上；或者已经受大风影响，平均风力为10～11级，或者阵风11～12级，并可能持续。

4.大风红色预警信号

6小时内可能受大风影响，平均风力可达12级以上，或者阵风13级以上；或者已经受大风影响，平均风力为12级以上，或者阵风13级以上，并可能持续。

（三）高温预警信号

高温预警信号分三级，分别以黄色、橙色、红色表示（图8-7）。

1.高温黄色预警信号

连续3天日最高气温将在35℃以上。

2.高温橙色预警信号

24小时内最高气温将升至37℃以上。

3.高温红色预警信号

24小时内最高气温将升至40℃以上。

图8-7 高温预警信号

（四）干旱预警信号

干旱预警信号分二级，分别以橙色、红色表示（图8-8）。干旱指标等级划分，以国家标准《气象干旱等级》（GB/T 20481-2006）中的综合气象干旱指数为标准。

1.干旱橙色预警信号

预计未来一周综合气象干旱指数达到重旱（气象干旱为25～50年一遇），或者某一县（区）有40%以上的农作物受旱。

2.干旱红色预警信号

预计未来一周综合气象干旱指数达到特旱（气象干旱为50年以上一遇），或者某一县（区）有60%以上的农作物受旱。

图8-8 干旱预警信号

（五）雷电预警信号

雷电预警信号分三级，分别以黄色、橙色、红色表示（图8-9）。

1.雷电黄色预警信号

6小时内可能发生雷电活动，可能会造成雷电灾害事故。

2.雷电橙色预警信号

2小时内发生雷电活动的可能性很大，或者已经受雷电活动影响，且可能持续，出现雷电灾害事故的可能性比较大。

图8-9 雷电预警信号

3.雷电红色预警信号

2小时内发生雷电活动的可能性非常大，或者已经有强烈的雷电活动发生，且可能持续，出现雷电灾害事故的可能性非常大。

（六）冰雹预警信号

冰雹预警信号分二级，分别以橙色、红色表示（图8-10）。

1.冰雹橙色预警信号

6小时内可能出现冰雹天气，并可能造成雹灾。

2.冰雹红色预警信号

2小时内出现冰雹的可能性极大，并可能造成重雹灾。

图8-10 冰雹预警信号

（七）霜冻预警信号

霜冻预警信号分三级，分别以蓝色、黄色、橙色表示（图8-11）。

1.霜冻蓝色预警信号

48小时内地面最低温度将要下降到0℃以下，对农业将产生影响；或者已经降到0℃以下，对农业已经产生影响，并可能持续。

2.霜冻黄色预警信号

图8-11 霜冻预警信号

24小时内地面最低温度将要下降到零下3℃以下，对农业将产生严重影响；或者已经降到零下3℃以下，对农业已经产生严重影响，并可能持续。

3.霜冻橙色预警信号

24小时内地面最低温度将要下降到零下5℃以下，对农业将产生严重影响；或者已经降到零下5℃以下，对农业已经产生严重影响，并将持续。

（八）大雾预警信号

大雾预警信号分三级，分别以黄色、橙色、红色表示（图8-12）。

1.大雾黄色预警信号

12小时内可能出现能见度小于500m的雾；或者已经出现能见度小于500m、大于或等于200m的雾并将持续。

2.大雾橙色预警信号

图8-12 大雾预警信号

6小时内可能出现能见度小于200m的雾；或者已经出现能见度小于200m、大于或等于50m的雾，并将持续。

3.大雾红色预警信号

2小时内可能出现能见度小于50m的雾，或者已经出现能见度小于50m的雾，并将持续。

（九）霾预警信号

霾预警信号分二级，分别以黄色、橙色表示（图8-13）。

1.霾黄色预警信号

12小时内可能出现能见度小于3000m的霾；或者已经出现能见度小于3000m的霾，并可能持续。

2.霾橙色预警信号

6小时内可能出现能见度小于2000m的霾，或者已经出现能见度小于2000m的霾，并可能持续。

图8-13　霾预警信号

（十）道路结冰预警信号

道路结冰预警信号分三级，分别以黄色、橙色、红色表示（图8-14）。

图8-14　道路结冰预警信号

1.道路结冰黄色预警信号

当路表温度低于0℃，出现降水，12小时内可能出现对交通有影响的道路结冰。

2.道路结冰橙色预警信号

当路表温度低于0℃，出现降水，6小时内可能出现对交通有较大影响的道路结冰。

3.道路结冰红色预警信号

当路表温度低于0℃，出现降水，2小时内可能出现或者已经出现对交通有很大影响的道路结冰。

那么，当看到气象部门发布的各类灾害预警信号时，我们该怎么做呢？

一是看。一般来说，有蓝、黄、橙、红四种颜色，分别对应着气象灾害可能造成的危害程度、紧急程度以及发展态势，为四级（一般）、三级（较重）、二级（严重）、一级（特别严重）。

二是辨。从蓝色、黄色到橙色和红色，同一种类的气象灾害预警信号级别不同，对应的防御措施也不尽相同。当气象灾害预警信号发布时，公众应及时关注天气变化，合理安排出行。

三是行动。总的来说，当看到最低一级的预警信号时，就要注意出行安排了。比如，当最低一级的暴雨蓝色预警信号发布时，人们应该谨慎考虑远行、郊游或者去地势低洼地区的计划，并随时关注天气变化。随着气象灾害预警信号级别的提高，人们应做出相应的防范准备，切不可"视而不见""听而不闻"。与此同时，可以查阅《气象灾害预警信号发布与传播办法》，进一步了解气象灾害预警信号、相关气象灾害的防范措施。

第三节　地震灾害防范

地震是一种常见的灾害现象，地球上每年约发生500多万次，平均每天13700多次，被人们称为群灾之首。

一、地震前兆

大量的科学研究表明，地震是有前兆的，可从如下方面细心观察。

（一）地下水的变化

地下岩层受到挤压或拉伸，使地下水位上升或下降；或者是地壳深部气体和物质随水溢出，使地下水冒泡、翻油花、发浑、变味等。

（二）物理现象变化

相邻两条电线上出现火花，室内墙壁出现淡蓝色微光，在大地震之前不久荧光灯自动发光。

（三）动物的异常反应

兴奋型异常，如惊恐不安、不进圈、狂吠、仓皇逃窜、惊飞、群迁等。抑制性异常，如行为变得迟缓或发呆变痴、不知所措或不肯进食。生活习惯变化，如冬眠的蛇出洞、老鼠白天活动不怕人、大批青蛙上岸活动。

（四）大气异常

地震前，尤其是大震前，往往会出现多种反常的大气物理现象，如怪风、暴雨、大雪、大旱、大涝、骤然增温或酷热等。

（五）大自然的报警

地震前数分钟、数小时或数天，往往有声响自地下深处传来，人们习惯称为地声。

（六）小震活动

有的大地震发生前几天或几小时，会发生一系列小地震，多的话可达到几十至几百次，科学家把这称为前震。

小贴士

[判别地震的谚语]

小的闹，大的到，地震一多要报告。

先听响，后地动，听到响声快行动。

地震没地震，抬头看吊灯。

井水是个宝，前兆来得早。

电气异常，不能不防。

鸡也飞，狗也叫，老鼠机灵先跑掉。

灯影一跑，大事不好。

房倒树不倒，有树不用跑。

地光闪，八成险。

上下颠一颠，来回晃半天。

[地震防范口诀]

（1）高层楼撤下，电梯不可乘坐，万一断电力，欲速则不达。

（2）平房避震有讲究，是跑是留两可求，因地制宜做决断，错过时机诸事休。

（3）次生灾害危害大，需要尽量预防它，电源燃气是隐患，震时及时关上闸。

（4）强震颠簸站立难，就近躲避最明见，床下桌下小开间，伏而待定保安全。

（5）震时火灾易发生，伏在地上要镇静，沾湿毛巾口鼻捂，弯腰匍匐逆风行。

（6）震时开车太可怕，感觉有震快停下，赶紧就地来躲避，千万别在高桥下。

[地震谣言不可信]

《防震减灾法》规定，地震短期预报和临震预报，只有省、自治区、直辖市人民政府才能发布。其他任何形式的"可靠消息"都不值得相信。居民在发现动物异常或井水变浑浊、冒泡时，可能是地震前兆，要及时报告有关部门，但不能随便喊叫"地震了"。不要听信谣言和迷信。

二、地震应急防护

地震发生时，一定要遵循避震原则"三要三不要"，即一要因地制宜，不拘一定之规；二要行动果断，不要犹豫反顾；三要听从指挥，不要擅自行动。

地震发生时，处在不同地方的人应采取相应的防护措施。

（一）室内人员

（1）如果在平房里，突然发生地震，要迅速钻到床下、桌下，同时用被褥、枕头、脸盆等物护住头部，等地震间隙再尽快离开住房，转移到安全的地方。地震时如果房屋倒塌，应待在床下或桌下千万不要移动，要等到地震停止再走出室外或等待救援。

（2）如果住在楼房中，发生了地震，不要试图跑出楼外，因为时间来不及。最安全、最有效的办法是，及时躲到两个承重墙之间最小的房间，如厕所、厨房等，也可以躲在桌、柜等家具下面以及房间内侧的墙角，同时注意保护好头部。千万不要去阳台和窗下躲避。

（3）如果正在上课时发生了地震，不要惊慌失措，更不能在教室内乱跑或争抢外出。靠近门的同学可以迅速跑到门外，中间及后排的同学可以尽快躲到课桌下，用书包护住头部；靠墙的同学要紧靠墙根，双手护住头部。

（4）如果在实验室内，发生了地震，应立即熄灭正在使用的明火，关闭水、电、煤气，处理掉正在使用的有害药品，选择就近的实验桌下、矮柜旁、内墙根、墙角作为避震空间；远离玻璃、避开悬挂物、离开药品柜，保护好自己的眼睛、口鼻和头部。

（5）如果在礼堂和体育馆等公共场所内，发生了地震，要听从现场老师的安排，就地蹲下或趴在座椅下，用书包、衣服等护住头部，避开吊灯等悬挂物，避震1分钟左右，再紧急疏散。

（二）室外人员

（1）如果正在街上，在地震发生时，应迅速避开危墙、高大广告牌、吊车、高烟囱、过街桥、陡崖、滑坡、高压线、变压器等高大、危险、可能滚落、倒塌的目标，离开建筑物和窄街道。

（2）骑车时，立即靠边停车、下车、蹲下。

（3）如果已经离开房间，千万不要地震一停就立即回屋取东西，因为第一次地震后，接着会发生余震，余震对人的威胁会更大。

（三）地铁或地下建筑内人员

地铁中都有应急供电系统或装置，同时工作人员有应急提灯，无论什么原因造成停电时，都仍然可以保证1小时左右的照明；其他地下公共场所均有应急提示灯标。另外，救援人员在救援时可铺设临时的反光标志带，完全可以引导人员逃离危险。因此，当遇到地铁或地下建筑中突然停电时，不必惊慌。但要注意，作为乘客，一定要保持镇静，服从工作人员的疏导，顺序离开，拥挤喊叫只会导致灾难性后果；在车厢内，不能乱开车门，不要随便拉报警器，不要在隧道里乱跑；万一误入隧道，在车辆到头时，人要贴靠向站台对面的侧墙，以防触电。

（四）车内人员

（1）应立即把车停在附近的空地或路边上，远离楼房。

（2）关闭发动机，打开收音机收听关于地震的进一步信息。在寻找进一步避难位置时，不要锁车，不要将车钥匙带走。

（3）乘坐公共汽车或火车时要保持冷静，尽量将自己稳定住，等车停稳后再下车，先避震，之后再设法与家人联系。如果在地铁里，要听从指挥。

（4）服从灾区应急交通指挥，不妨碍城市应急救援车队的行动。

三、震前防范日常准备

（1）对住房薄弱部位加固，拆换易倒、朽腐构件。

（2）明确室内安全位置，如坚固的家具下、承重墙角、洗漱间等；将高位及悬挂的重物移至地面或加固；腾空桌下、床下及小房间的杂物；转移易燃物品；清理门口、楼道、楼梯的杂物，为出逃提供方便。

（3）制订震后逃生路线、家庭成员震后联络方法及家庭成员防震工作分工，并进行演练。

（4）准备急救包，包括老人应急的药品和家人常用药，人人都要知道120急救电话。

（5）随身带好身份证、信用卡、保险卡、家庭成员名单、重要文件等。准备救生包、包括瓶装水、罐头食品、干果、饼干、纸、小刀、手电筒、尼龙保暖衣物、口哨、收音机及安全防护器材等。床边放好能外出穿的衣服和雨鞋，家中不要有易燃、易爆等危险物品。

（6）农村或住平房居民，事先可准备轻质篷房，用作储存应急用品和震后居住。

（7）教室的照明灯具、实验室的橱柜及图书馆的书架应加以固定。

拓展阅读

设置手机地震预警，能救命的黄金倒数

2023年12月18日，甘肃省临夏州积石山县发生6.2级地震。

当晚，不少网友收到了手机发出的"地震预警"，这也引起了大家的关注。为何有的手机收到了预警提示，有的却没收到？如何设置可以收到地震预警信息？预警对应急避险能发挥多大作用？

18日23时59分，网友"岁月如歌"表示，深夜被一阵尖锐的警报声惊醒。他醒来后发现，手机屏幕上弹出的黄色的地震预警信息显示有震中位置、预警震级、预估烈度选择等信息。

"警报声之后就是倒计时，让人感觉很紧张。我看了下，震中在甘肃。""岁月如歌"告诉记者，他是去年四川地震后关注到了"地震预警"，使用手机自带预警功能，当时就打开了这个功能。

网上搜索发现，有很多网友留言表示，自己收到了手机发出的地震预警，也有人表示并没有收到。"我的手机为啥不响？""哪个地震预警比较靠谱？"……

大多国产品牌手机都内置"地震预警"功能，用户只需要通过系统设置进行开启。如华为手机为设置—安全—应急预警通知—地震预警；小米手机为手机管家—家人关怀—地震预警；OPPO手机为设定—安全—SOS紧急联络—自然灾害警报—地震警报；vivo手机为天气App—设置—地震预警—启用地震预警服务。

例如，使用华为手机进行"地震预警"设置操作，开启"地震预警"功能，下放"功能设置"可设置"紧急联系人""个人紧急信息"，必要时能了解附近的紧急避难所。开启"地震预警"功能后，还可试听地震波到达前报警音和地震波达到后报警音，系统提供了长度为8秒的试听功能。点击"试听警报音"，系统倒数4秒后，响起了全国统一使用的鸣笛警报信号。

除了手机自带的"地震预警"功能，各类"地震预警"App也是五花八门。记者在手机应用商店搜索"地震预警"，有多款App可供下载。其中"地震云播报—地震速报和消息通知""地震预警—地震监测"等App都有数万个评分。

地震预警，即利用有破坏的横波与基本无破坏的纵波的"到时差"以及地震波与电磁波的"速度差"的原理，在地震发生后，对部分区域提供"秒级"的地震预警警报，实现最大限度减轻地震灾害的目标。

目前，不少手机的"地震预警"功能是由不同科研院所研发的，与手机开发商共同签署协议，通过读取国家地震台网中心的数据，尽可能在最短时间内发送到用户手机端。

有专家提醒，地震预警可以在紧急时刻提前数秒、几十秒甚至一分钟前发出警报，给大家争取到紧急避险的宝贵时间，防患于未然。不过，这些预警有可能存在漏报、误报，有待进一步规范。

小贴士

[室内防震布置要求]
（1）床要靠近坚固的侧墙，不要靠窗。
（2）床上不要设吊灯、大镜框等。
（3）室内布置不要满，要有方便通道。
（4）高架物品、书架等要固定。
（5）床下、桌下要有净空间。

[高楼避震三大策略]
策略一：震时保持冷静，震后走到户外。这是避震的国际通用守则，国内外许多起地震实例表明，在地震发生的短暂瞬间，人们在进入或离开建筑物时，被砸死砸伤的概率最大。因此，专家告诫，室内避震条件好的，首先要选择室内避

震。如果建筑物抗震能力差，则尽可能从室内跑出去。按照国家有关标准，北京地区居民楼房应具有抵御烈度为8度的地震破坏的能力。地震发生时先不要慌，保持视野开阔和机动性，以便相机行事。特别要牢记的是，不要滞留床上；不可跑向阳台；不可跑到楼道等人员拥挤的地方去；不可跳楼；不可使用电梯，若震时在电梯里应尽快离开，若门打不开时要抱头蹲下。另外，要立即灭火断电，防止烫伤、触电和发生火情。

策略二：避震位置至关重要。住楼房避震，可根据建筑物布局和室内状况，审时度势，寻找安全空间躲避。最好找一个可形成三角空间的地方。蹲在暖气旁较安全，暖气的承载力较大，金属管道的网络性结构和弹性不易被撕裂，即使在地震大幅度晃动时也不易被甩出去；暖气管道通气性好，不容易造成人员窒息；管道内的存水还可延长存活期。更重要的一点是，被困人员可采用击打暖气管道的方式向外界传递信息，而暖气靠外墙的位置有利于最快获得救助。需要特别注意的是，当躲在厨房、卫生间这样的小开间时，尽量离炉具、煤气管道及易破碎的碗碟远些。若厨房、卫生间处在建筑物的犄角旮旯里，且隔断墙为薄板墙时，就不要把它选择为最佳避震场所。此外，不要钻进柜子或箱子里，因为人一旦钻进去后便立刻丧失机动性，视野受阻、四肢被缚，不仅会错过逃生机会，还不利于被救；躺卧的姿势也不好，人体的平面面积加大，被击中的概率要比站立大5倍，而且很难机动变位。

策略三：近水不近火，靠外不靠内。这是确保在都市震灾中获得他人及时救助的重要原则。不要靠近煤气灶、煤气管道和家用电器；不要选择建筑物的内侧位置，尽量靠近外墙，但不可躲在窗户下面；尽量靠近水源处，一旦被困，要设法与外界联系，除用手机联系外，可敲击管道和暖气片，也可打开手电筒。

四、震后求生自救

（一）居民被困埋，恢复意识后

1.保持镇定和呼救

尽量保持冷静，避免恐慌和过度运动，以节省体力和保持清醒。用手或工具敲打建筑物的墙壁、管道或其他坚硬物体，制造响声引起救援人员的注意。大声呼喊，喊出自己的位置和需要救援的信息。

2.找到避难位置

尽量找到坚固的家具、墙壁角落、柱子等避难位置，以保护自己免受进一步的伤害。小心避免破碎的玻璃、倒下的家具或其他潜在的危险物。

3.寻找逃生通道

如果可能，寻找周围的逃生通道，如门、窗户或其他开口，并尝试逃离建筑物。如果通道被堵塞，不要强行通过，以免造成更多伤害。相反，寻找其他逃生方式。

4.保持通风和呼吸

在被困的空间内，尽量保持通风，打开附近的通风口或窗户，以保证新鲜空气流通。如果空气污浊，可以用湿布或衣物捂住口鼻，以防吸入灰尘和有害气体。

5.节约体力和保持体温

尽量减少不必要的运动，以保留体力，特别是在无法得到救援的情况下。如果被困时间较长，可以利用衣物、废墟等保持体温，并定期活动身体以保持血液循环。

6.与外界保持联系

使用手机、敲击声、哨子等工具与外界保持联系，并向救援人员传递求救信息。尽量保持手机电量，并谨慎使用以节省电量。在震后被困时，最重要的是尽量保持镇定和寻找机会与外界保持联系，等待救援人员的到来。同时，采取合适的自救行动和应对措施，以最大限度地保护自己的生命安全。

（二）震后救助被困埋人员的方法

1.拨打紧急救援电话

立即拨打当地的紧急救援电话，如警察、消防队或救援队，向他们报告被困的位置和情况。提供尽可能准确的信息，以便他们能够迅速行动。

2.利用周围的工具和物品

尽量利用周围的工具和物品来帮助救援被困者。例如，使用木板、梯子、绳索或金属棍等，可以构建临时的撑杆、桥梁或爬升设备，以便救援人员接近被困者。如果有人在附近，可以寻求他们的帮助，协力移动或抬举重物，以便解救被困者。

3.小心挖掘

小心地使用手工工具，如锤子、铲子、铁锹等，尽量清理和挖掘困在废墟下的空间，为被困者提供逃生通道。注意不要破坏废墟的稳定性，避免进一步威胁被困者的安全。

4.借助救援设备

当救援人员到达时，他们通常会配备专业的救援设备，如探测器、摄像机、探照灯、切割工具等，以帮助救援被困者。根据他们的指示，提供必要的协助。

5.给予被困者支持

在等待救援人员到达的过程中，与被困者保持沟通，给予他们心理上的支持和鼓励。让被困者知道他们不孤单，并努力维持他们的安全和舒适。

救援被困人员是一项危险而复杂的任务，需要专业的救援队伍和设备。请记住，如果你不具备相应的培训和经验，请等待救援人员的到来，并遵循他们的指示，及时报告被困者的位置和状况，以便救援人员能够尽快展开救援行动。

（三）对压伤、摔伤人员应当进行现场急救的措施

1.包扎止血

突发事件中，出血是最常见的致死因素，迅速止血是挽救生命的关键。直接压迫出血部位或用食指找到出血点靠近心脏方向的动脉血管，并把它压在邻近的骨头上，阻断血流。然后用创可贴或干净毛巾、纱布加压包扎止血。加压包扎的力度要能有效止血又不影响远端的血液循环，包扎完毕后，远端动脉还可触到搏动，肤色无明显变化。严禁用泥土、面粉等不洁物涂敷伤口，防止造成伤口污染，给下一步清创带来困难。包扎止血要做到包扎准确、止血彻底。

2.骨折固定

伤员肢体出现疼痛，局部肿胀，成角、变短、扭曲等畸形，功能障碍，无法站立或挟持物体时，说明可能发生骨折。发现骨折的伤员，要就地取材进行固定。可用树枝等物作为夹板，在骨折肢体的外侧进行固定。没有夹板的时候，可与伤员健康肢体或躯干绑在一起固定。夹板的长度要超过骨折肢体的上下两个关节(大腿骨折夹板的长度要从腋下到足跟)，否则无效。用绳索或布条固定夹板时，首先捆绑骨折近心端，然后捆绑骨折远心端。对骨头突出的部位和有凹陷的部位，要加衬垫，以保护皮肤和骨骼。

💡 **小贴士**

骨折救护小贴士

（1）夹板固定后上下移动空间以1cm为适度。如果上下移动大于1cm表示太松，起不到固定作用；而上下移动小于1cm，表示太紧，会影响远端的血液循环，严重的会因此截肢。所以，夹板固定后，一定要露出伤肢的指(趾)尖，随时观察远端皮肤的颜色和温度，如果皮肤变苍白或变凉，说明太紧，要及时调整松紧度。

（2）上肢骨折固定的位置要取屈肘位，绑好后用带子悬吊于颈部。下肢骨折要取伸直位固定。

（3）严禁在现场盲目矫正骨折后的肢体畸形状况，更不能将已经露出皮肤之外的断骨还位或清洗后还位，以免造成不必要的再损伤和感染。

第四节　地震次生灾害的防范

地震次生灾害一般是指地震强烈震动后，以震动的破坏后果为导因而引起的一系列其

他灾害。

地震发生后，可能引起火灾、毒气污染、细菌污染、放射性污染、滑坡和泥石流等；沿海地区可能遭受海啸的袭击；冬天发生的地震容易引起冻灾；夏天发生的地震，由于人畜尸体来不及处理及环境条件的恶化，可引起环境污染和瘟疫流行；另外，震时有的人跳楼、公共场所的群众蜂拥外逃可造成称为"盲目避震"的摔、挤、踩等伤亡；大地震后，由于人们的恐震心理、地震谣传或误传，还可出现不分时间、不分地区"盲目搭建防震棚"灾害；随着生产力的发展，一些新的次生灾害也可能出现，如高层建筑玻璃损坏造成的"玻璃雨"灾害；信息储存系统破坏引起的称为"记忆毁坏"灾害等。因此，地震次生灾害的认识和预防非常重要。

一、地震火灾

地震火灾是地震发生后可能出现的一种次生灾害。地震震动可能破坏电力系统、燃气管道和其他火源设备，从而导致火灾的发生。地震火灾的特点是在地震造成的混乱环境中，火势往往更加难以控制和扑灭。

以下是一些地震火灾应对和防范的重要事项：

1.火灾预防措施

定期检查家庭和建筑物的电气系统，确保电线、插座和开关的安全。注意正确使用和存放易燃物品，如化学品、液体燃料和气体。做好燃气设备的维护和安全使用，避免燃气泄漏。确保家庭或建筑物内配备适当数量和类型的灭火器和火灾报警器。

2.火灾应急准备

制订家庭或建筑物的火灾应急计划，包括疏散路线、安全集合点和紧急联系人。确保家庭成员熟悉火灾报警器的声音和操作方法。定期进行火灾演练，让家庭成员熟悉疏散程序和使用灭火器的技巧。

3.地震后的火灾应对

在地震发生后，首先确保自身安全，迅速躲到安全地方，避免火灾和倒塌物的威胁。如果发生火灾，立即启动火灾报警器并通知消防部门。如果可能，尽量使用灭火器扑灭小规模的火灾。但要确保自身安全，不要冒险。如果火势无法控制，立即按照预先制订的疏散计划撤离建筑物，并确保每个人都安全到达指定的安全集合点。避免使用电梯，使用楼梯时注意疏散秩序和安全。

4.防止火灾蔓延

在地震后，如果有火灾蔓延的迹象，尽量封闭门窗以减少氧气供应，并阻止火势蔓延。利用湿毛巾或衣物封住门缝、通风口和其他可能进入烟雾和有毒气体的缝隙。

如果火势无法控制且无法安全撤离建筑物，应找到最靠近地面的位置，如地板上或地下室，以减少烟雾和有毒气体的暴露，并等待救援人员的到来。尽量避免开启自来水或洗手间的水龙头，以防止燃烧的液体扩散或加剧火势。在疏散时，用湿毛巾或衣物捂住口鼻，减少吸入烟雾和有毒气体的风险。不要返回火灾现场，等待消防部门确认安全后才能重新进入。如果身体着火，立即采取滚动或使用灭火毯等方法扑灭火焰。如果有人被困在火灾中，尽量通知救援人员并提供他们的准确位置，以便及时救援。

请注意，对于大规模的火灾，尤其是在地震等灾害发生后，最重要的是保护自己和家人的生命安全。如果火势过大或无法控制，请立即撤离建筑物，确保自己的安全，然后通知专业的消防部门进行扑灭

二、毒气、细菌、放射性污染

毒气、细菌和放射性污染是城市潜在的地震次生灾害，其产生原因比火灾简单得多。一般局限于生产、储存及使用这些物质的部门，涉及面较小。它们的产生一般来自两个方面：一是生产车间破坏、储存容器损坏。二是生产或使用时的失控造成。

三、"盲目避震"灾害

"盲目避震"灾害也是城市或人口稠密地区的一个较普遍的地震次生灾害。除了客观原因外，其主要原因是，人们缺乏地震知识，恐震心理严重，地震时惊慌，不正确地采取避震措施。

四、地震滑坡和泥石流灾害

我国是一个多山的国家，山地、丘陵和比较崎岖的高原占全国总面积的三分之二。地震滑坡和泥石流是地震后可能产生的次生灾害，其产生的原因主要与地震震动对地表和山体的影响有关。

地震滑坡、泥石流灾害分布广，且多发生在人口稀少地区，工程治理困难。防治地震滑坡、泥石流灾害应贯彻躲避和综合治理相结合，长远的措施和短期的工程措施相结合的原则，合理制定对策。

五、地震次生水灾

地震次生水灾是指因地震造成的地形及水工建筑的破坏导致的洪水泛滥。还有另一类小型的水患，如震后喷砂冒水，蓄水池、水塔的破坏等，因单次灾害较小，为区别起见，

称其为地震水害。

地震水灾的危害是极其严重的，虽然世界上发生的地震水灾次数较少，但单次灾害的伤亡损失严重，有的甚至要大于地震的直接灾害，因而必须引起人们的重视提高防灾意识，开展地震应急演练，加强应急救援自助。

每年的 5 月 12 日是全国防灾减灾日。地震、火灾、洪水、泥石流、沙尘暴……这些灾害随时可能发生。当灾害无法避免时，我们应该学会自救与互救，学会最大限度地保护我们的人身安全，将灾害损失减少至最低！所以，这些防灾减灾知识请务必牢记。

🎓 拓展阅读

"5·12"汶川大地震

"5·12"汶川地震，又称"汶川大地震"，发生于北京时间 2008 年 5 月 12 日 14 时 28 分 4 秒。震中位于四川省阿坝藏族羌族自治州汶川县映秀镇（北纬 31.0°、东经 103.4°）。根据中国地震局修订后的数据，"5·12"汶川地震的面波震级为 8.0 级。根据日本气象厅的数据，"5·12"汶川地震的地震波确认共环绕了地球 6 圈。地震波及大半个中国以及亚洲多个国家和地区，中国北至内蒙古，东至上海，西至西藏，南至中国香港、中国台湾等地区均有震感，中国之外的泰国、越南、菲律宾和日本等国均有震感。

"5·12"汶川地震严重破坏地区约 50 万平方公里，其中，极重灾区共 10 个县（市），较重灾区共 41 个县（市），一般灾区共 186 个县（市）。截至 2008 年 9 月 25 日，"5·12"汶川地震共计造成 69227 人遇难、17923 人失踪、374643 人不同程度受伤、1993.03 万人失去住所，受灾总人口达 4625.6 万人。截至 2008 年 9 月，"5·12"汶川地震造成直接经济损失 8451.4 亿元。"5·12"汶川地震是中华人民共和国成立以来破坏性最强、波及范围最广、灾害损失最重、救灾难度最大的一次地震。

2009 年 3 月 2 日，经中华人民共和国国务院批准，自 2009 年起，每年 5 月 12 日为全国防灾减灾日。

"5·12"汶川地震发生在四川龙门山逆冲推覆构造带上。该次发震的龙门山断裂带总体呈 NE—SW 走向，由三条主断裂组成，分别是安县—灌县断裂，也称前山断裂；北川—映秀断裂，也称中央断裂；汶川—茂汶断裂，也称后山断裂。8.0 级强震就发生在中央断裂，即北川—映秀断裂上，震中位置更靠近映秀镇（这个断裂带的历史地震尚未超过 7.0 级）（图 8-15）。

汶川地震的主要特征：一是震级高，震源浅。地震震级达 8.0 级，震源深度小于 20km。二是具有面状震源的特点，破裂带长达近 300km。三是地震持续时间长。由于地震的面状震源和断裂的累进性破坏特点，从而导致此次地震持续时间长达 80～120 秒。四是地面地振动响应强烈。这些特征决定了汶川地震对建（构）筑物以及地质环境具有极大的破坏性和摧毁性，是灾区斜坡大量失稳，触发大量地质灾害的根本原因。

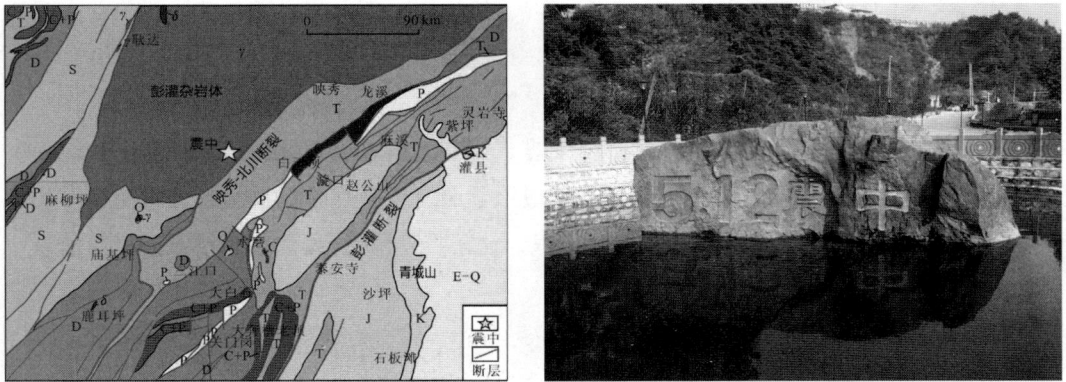

图8-15 震中断裂带

第九章
网络安全

案例导入

【案例1】2022年5月，广东省某大学生谭某某在玩手机游戏时，有人添加其为微信好友，并宣称可以帮其解除某些手机游戏特权功能限制。谭某某信以为真，并依照对方的视频指导，先后3次扫码支付，合计被骗3800元。

【案例2】2022年3月，重庆市某大学生马某某在快手短视频平台刷短视频时，看到免费领取游戏装备的信息，便根据指示加入某QQ群，在客服引导下领取游戏装备。随后，客服以账号被冻结为由，要求马某某转账进行账号解封。马某某先后转账5笔共计4300元，事后发现被骗。

【案例3】2022年6月，河南省某大学生王某在某粉丝QQ群看到推送信息称，进入某QQ群可以免费抽奖和领红包，王某便申请加入了该QQ群。不久群里的"工作人员"告诉王某，其被公司抽中一等奖，奖金6000元，并获得某明星签名。根据"工作人员"指示，王某在该QQ群里先后发红包8次，合计被骗5000余元。

【案例4】2021年4月，湖北省某大学生朱某被朋友拉入了一个QQ群，群里通知可以投票获得返现。朱某扫描对方二维码后，被要求输入代码88.8，朱某输入后发现手机被扣款88.8元，且无返现通道。随后对方添加朱某为QQ好友称，因朱某转账为"疑似违法"转账，导致公司账户被冻结，必须按要求操作才能解除冻结，否则将通过法院传唤其父母，并要求朱某操作解冻时不得让父母发现。朱某按对方要求出示了父母的付款码，被对方扣款12600元。

【案例5】2022年2月，陕西省某大学秦某经朋友推荐加入某追星粉丝QQ群，通过群内管理员介绍参加刷单返利活动。秦某扫码进行刷单操作后，管理员以秦某为"没有稳定经济收入"为由，要求进行身份审查，并缴纳8000元的审查保证金。秦某使用其母亲账号扫码支付，事后发现被骗。

第一节　网络安全问题及危害

一、什么是网络安全

网络安全是指网络系统的硬件、软件及其系统中的数据受到保护，不因偶然的或者恶意的原因而遭受破坏、更改、泄露，系统连续可靠正常地运行，网络服务不中断。

广义的网络是指由若干节点和连接这些节点的链路构成，表示诸多对象及其相互联系。此处所说常见的网络主要包括手机通信网络和电脑信息网络，并非单一的电脑互联网。

二、网络安全的特性

主要特性：一是保密性。网络安全解决措施，信息不泄露给非授权用户、实体或过程，或供其利用的特性。二是完整性。数据未经授权不能进行改变的特性。即信息在存储或传输过程中保持不被修改、不被破坏和丢失的特性。三是可用性。可被授权实体访问并按需求使用的特性，即当需要时能否存取所需的信息。例如，网络环境下拒绝服务、破坏网络和有关系统的正常运行等都属于对可用性的攻击。四是可控性。对信息的传播及内容具有控制能力。五是可审查性。出现安全问题时提供依据与手段。

三、网络安全的主要形式

网络安全由于不同的环境和应用而产生了不同的类型。主要有以下几种：一是系统的安全。运行系统安全即保证信息处理和传输系统的安全。它侧重于保证系统正常运行。避免因为系统的崩溃和损坏而对系统存储、处理和传输的信息造成破坏和损失。避免由于电磁泄翻，产生信息泄露，干扰他人或受他人干扰。二是网络的安全。网络上系统信息的安全。包括用户口令鉴别，用户存取权限控制，数据存取权限、方式控制，安全审计，安全问题跟踪，计算机病毒防治，数据加密等。三是信息传播的安全。网络上信息传播安全，即信息传播后果的安全，包括信息过滤等。它侧重于防止和控制由非法、有害的信息进行传播所产生的后果，避免公用网络上自由传输的信息失控。四是信息内容的安全。即网络上信息内容的安全。它侧重于保护信息的保密性、真实性和完整性。避免攻击者利用系统的安全漏洞进行窃听、冒充、诈编等有损于合法用户的行为。其本质是保护用户的利益和隐私。

四、网络安全问题对大学生的危害

大学生群体的特殊性，使得大学生网络安全问题日益突出。常见的高校大学生网络安全问题，主要有网络诈骗、电信诈骗、网络暴力等。

不良的网络环境给社会经验、心智尚未成熟的大学生带来错误的世界观、人生观和价值观，使得大学生在潜移默化中对学习、生活以及亲朋好友、师长，甚至社会有着错误的认识和理解，从而破坏其正常的学习、生活规律，扭曲其就业和求职心态，甚至诱发其极端思想和行为，从而让自己人生发生严重"偏差"。有一些网络安全问题，还会影响大学生的人身和财产安全，给大学生本人乃至其整个家庭造成巨大的心理创伤和压力，影响校园和社会稳定。

（一）财产损失

大学生遭受的网络安全问题，最突出、最常见的就是财产损失。犯罪分子常常通过网络购物、伪冒身份等诈骗手段对受害者"速战速决"，即短时间内向在校大学生灌输大量精心编造的信息，不给其反应时间，让大学生迅速转账，一旦收到钱款就立刻采取"取消好友""取消关注""拉黑好友"等形式，消失得无影无踪。也有的网络诈骗犯罪分子是以信任为基础，善于"打持久战"，先在网络上通过微信、QQ以及其他网络聊天软件或App，与大学生进行较长时间的接触，根据诈骗方案树立自己良好的形象，借口"急需钱"用于学习和亲人或投资，并承诺按时还款或者高额收益回报，一次或多次骗取大学生的财产，典型诈骗类型就是"杀猪盘"。还有的网络诈骗犯罪分子是结合信任、暴力、法律等多重手段骗取大学生的钱财，即网络贷款诈骗中的"套路贷"；网贷平台往往没有提供真实的借款信息，导致学生错估借款利息而签订合同，再通过制造违约陷阱、引诱大学生以贷还贷、暴力催收和非法诉讼等方式，骗取受害大学生的财产。

（二）影响学习

高校电信网络诈骗随着大学生需求的变化而变得形式多样。代刷网课、出售虚假考研复习资料、疏通复试关系、代写毕业论文等新诞生的电信网络诈骗形式迎合了部分大学生的需求，导致他们消极懈怠对待学业，严重影响学习。

（三）生命与健康受到损害

由于生活阅历不足、抗压能力不强、挫折应对能力不高，不少大学生在遭遇电信网络诈骗后，长期处于焦虑、恐惧、失眠的状态，甚至患上抑郁症，严重影响身心健康。

（四）隐私与名誉遭受到侵犯

大部分不法分子实施诈骗行为，就是通过各种非法渠道掌握大学生的个人隐私信息，如网络购物诈骗、伪冒身份诈骗。还有的诈骗犯罪分子是在诈骗过程中要求大学生提供这些信息，这些信息被不法分子获取后用于谋利，如贩卖或者直接从事违法行为，致使隐私遭受侵犯。

（五）部分受骗者违法犯罪

电信网络诈骗的诸多案例中存在一种令人痛心疾首的现象，即本来简单纯朴的高校大学生从受害者转变为犯罪分子。常见的有两种情况：一是为电信网络诈骗团伙提供资金转账帮助。二是有些大学生直接加入电信网络诈骗的犯罪集团。

第二节　网络安全问题类型

一、网络诈骗

互联网极高的普及率为大学生成长和发展带来巨大机遇的同时，也为针对大学生的各种类型的网络诈骗成长和发展提供了温床。虽然，为了保护在校大学生的利益，我国各级各类部门对大学生网络诈骗的打击力度不断增强，但网络和电信技术更新迭代的速度越来越快，针对大学生的网络诈骗手段也层层升级，呈现出隐蔽化、体量大、智能化等特征。虽然国家和高校不断加强相关宣传，但是每年仍有不少大学生受到网络诈骗的侵害。

（一）网络诈骗简述

网络诈骗是指以非法占有为目的，利用互联网采用虚构事实或者隐瞒真相的方法，骗取数额较大的公私财物的行为。是一种通过互联网渠道对网民实施诈骗犯罪的诈骗手段，网络诈骗往往通过虚构事实真相、伪造身份等手法对网民实施诈骗，诈骗数额不等。其花样繁多，行骗手法日新月异，常用手段有假冒好友、网络钓鱼、网银升级诈骗等，有空间虚拟化、行为隐蔽化等特点，使其成为现阶段对人民群众危害较大的诈骗形式之一。

不少学者认为网络诈骗是电信诈骗的一种，从属于电信诈骗。但是随着犯罪分子网络技术的升级，网络诈骗的特征越来越突出。与其他类别的电信诈骗有很大的不同，网络诈骗最突出的特点是其发生场所是在互联网当中，一方面，犯罪分子通过设置多层虚拟网络地址，使得网警人员追踪犯罪分子的实际地址难度极大；另一方面，互联网的开放性和易介入性，使得犯罪分子携带便携式设备随时随地实施犯罪行为，并且快速更换犯罪地址，甚至在境外实施犯罪行为，使得公安部门抓捕难度极大，导致网络诈骗具有强大的隐匿性和难以追查性。境外网络诈骗犯罪越来越多，形势也越来越严峻，已经引起国内外广泛关注。

在我国，高校大学生群体由于社会阅历不足、生活经验欠缺、好奇心强、警惕性差等心理特点，更是成为境内外网络诈骗的"重灾区"。据不完全统计，全国每年发生的案件中，有关高校大学生的约占20%，这不仅侵害了大学生的经济利益、损害了其身心健康，更严重影响了校园乃至社会的安全稳定。

（二）网络诈骗常见类型

网络诈骗之所以难以杜绝，是因为其随着网络技术以及时代特点而不断升级。网络诈骗对大学生的主要侵害类型有虚假中奖信息诈骗、冒充好友诈骗、网络购物诈骗、网络兼职诈骗、钓鱼网站诈骗、杀猪盘诈骗、网络赌博、网络聊天诈骗、色情网站诈骗等。

1.虚假机会诈骗

虚假机会诈骗是指诈骗犯罪分子以兼职刷单或追星中奖等虚假机会为诱饵，骗取他人钱财的诈骗行为。有的大学生渴望顺利就业，但社会经验不足；有的热爱追星，但被不良"饭圈"文化影响，对偶像明星有疯狂的窥探欲，却又没有足够的防范诈骗意识；有的没有稳定的经济收入，又超前消费。诈骗犯罪分子利用大学生的这些行为特征，对其实施一系列诈骗套路。

2.网络购物诈骗

网络购物诈骗是指在大学生网络购物过程中，诈骗犯罪分子实施欺骗而获取钱财的违法行为。随着智能手机的普及，网络购物迅速发展。大多数大学生乐于尝试新产品、新方式，他们都是网络购物的忠实"粉丝"。部分大学生被消费主义冲昏头脑却没有防范意识，在网络购物的各个阶段，他们都有可能遭遇电信网络诈骗并上当受骗。

3.网络贷款诈骗

网络贷款诈骗是指围绕大学生网络贷款活动进行的诈骗行为。大学生中有不少人属于网络贷款目标群体，由于他们金融知识薄弱，不熟悉贷款业务，很容易上当受骗。网络贷款诈骗主要包含套路贷款诈骗和虚假贷款诈骗两种典型模式。

4.伪冒身份诈骗

伪冒身份诈骗是指诈骗犯罪分子通过伪造虚假身份或者冒充他人身份实施诈骗活动。

（1）诈骗犯罪分子伪造虚假身份进行电信网络诈骗。

（2）诈骗犯罪分子冒充他人身份实施诈骗。

5.网络交友诈骗

网络交友诈骗是指假借交友、恋爱的名义，以情感为基础骗取利益的诈骗，俗称"杀猪盘"。一些人步入大学后远离父母，难以融入新环境，难以建立新的人际关系，转而将社交需求的满足寄托于虚拟世界，希望通过网络寻找到灵魂伴侣。这部分大学生便成了犯罪分子的诈骗对象。

拓展阅读

兼职要交保证金

南京某高校大三女生A在网上看到一家出版社招兼职打字员，报酬是1万字给600元劳务费。A与对方联系后，对方称由于是保密文稿，需要A先交40元文稿邮寄费用，后又以文稿保密为由向A提出要交2000元保证金。2040元汇款过后，对方就再也没了音讯。

校园代理先购卡

男子苏某在广州各大高校以发传单、发校园网贴等形式招募电话卡校园代理，声称有"交纳120元，可享受240元消费"的大优惠。每充一个号码，代理可得23元。丰厚回报吸引了不少大学生成为"校园代理"。"话费返还是分期到账，每月20元。"校园代理们自己"充"了120元，结果当天果然有20元到账。校园代理便开始大肆进购电话卡，在各大高校近5000名大学生购买了电话卡后的次月才发现上当受骗，此时苏某早已携带50万元巨款潜逃。

网络异常链接多次支付

女大学生A看中了网店上的一条裙子，讨价还价后以440元价格成交。卖家给A发了一条链接，要A付款。A点开后没发现异常就付款并确认支付，可是一直未成功。卖家提示多刷新几次就好了，A刷新了几次一直付款不成功就下线了。第二天A发现银行卡里少了2640元，原来每刷新一次就是付款一次。

二、电信诈骗

（一）电信诈骗概述

电信诈骗亦称通讯网络诈骗，是指通过电话、网络和短信方式，编造虚假信息，设置骗局，对受害人实施远程、非接触式诈骗，诱使受害人打款或转账的犯罪行为，通常以冒充他人及仿冒、伪造各种合法外衣和形式的方式达到欺骗的目的，如冒充公检法、商家、企业、国家机关工作人员、银行工作人员等各类机构工作人员，伪造和冒充招工、刷单、贷款、手机定位和招嫖等形式进行诈骗。从2000年以来，随着科技的发展，一系列技术工具的开发出现和被使用，许多技术人员和一些平民借助于手机、固定电话、网络等通信工具和现代的技术等实施的非接触式的诈骗迅速地发展蔓延，给人民群众造成了很大的损失。网络诈骗与电信诈骗存在较大的关联。

（二）电信诈骗类型

2022年5月11日，公安部公布五类高发电信网络诈骗案件，分别是刷单返利、虚假投资理财、虚假网络贷款、冒充客服、冒充公检法。针对大学生的电信诈骗，根据诈骗内容，主要分为以下类型。

1.冒充社保、医保、银行、电信等工作人员

以社保卡、医保卡、银行卡消费、扣年费、密码泄露、有线电视欠费、电话欠费为名，以自己的信息泄露，被他人利用从事犯罪，以给银行卡升级、验资证明清白，提供所谓的安全账户，引诱受害人将资金汇入犯罪嫌疑人指定的账户。

2.冒充公检法、邮政工作人员

以法院有传票、邮包内有毒品，涉嫌犯罪、洗黑钱等，以传唤、逮捕、冻结受害人名下存款进行恐吓，以证明清白、提供安全账户进行验资，引诱受害人将资金汇入犯罪嫌疑人指定的账户。

3.以销售廉价飞机票、火车票及违禁物品为诱饵进行诈骗

犯罪嫌疑人以出售廉价的走私车、飞机票、火车票及枪支弹药、迷魂药、窃听设备等违禁物品，利用人们贪图便宜和好奇的心理，引诱受害人打电话咨询，之后以交定金、托运费等进行诈骗。

4.冒充熟人进行诈骗

嫌疑人冒充受害人的熟人或领导，在电话中让受害人猜猜他是谁，当受害人报出一熟人姓名后即予承认，谎称将来看望受害人。隔日，再打电话编造因赌博、嫖娼、吸毒等被公安机关查获，或以出车祸、生病等急需用钱为由，向受害人借钱并告知汇款账户，达到诈骗目的。

5.利用中大奖进行诈骗

主要犯罪过程的基本套路是，首先大量印刷精美的虚假中奖刮刮卡，通过信件邮寄或雇人投递发送。其次通过手机短信发送。最后通过互联网发送。受害人一旦与犯罪嫌疑人联系兑奖，对方即以先汇个人所得税、公证费、转账手续费等理由要求受害人汇款，达到诈骗目的。

6.利用虚假广告信息进行诈骗

犯罪嫌疑人以各种形式发送诱人的虚假广告，从事诈骗活动。

7.利用银行卡消费进行诈骗

嫌疑人通过手机短信提醒手机用户，称该用户银行卡刚刚在某地（如某某百货、某某大酒店）刷卡消费一定金额等，如有疑问，可致电某某咨询，并提供相关的电话号码转接服务。在受害人回电后，犯罪嫌疑人假冒银行客户服务中心及公安局金融犯罪调查科的名义谎称该银行卡被复制盗用，利用受害人的恐慌心理，要求受害人到银行 ATM 机上进入英文界面的操作，进行所谓的升级、加密操作，逐步将受害人引入"转账陷阱"，将受害人银行卡内的款项汇入犯罪嫌疑人指定账户。

8.冒充黑社会敲诈实施诈骗

不法分子以"东北黑社会""杀手"等名义给手机用户打电话、发短信，以"替人寻仇""要打断你的腿""要你命"等威胁口气，使受害人感到害怕后，再提出"我看你人不错""讲义气""拿钱消灾"等迫使受害人向其指定的账号内汇款。

9.利用汇款信息进行诈骗

犯罪嫌疑人以受害人的老师、朋友、亲属的名义发送：我的原银行卡丢失，等钱急用，请速汇款到账号某某，如果受害人不加甄别，就会被骗。

10.QQ聊天冒充好友借款诈骗

犯罪嫌疑人通过种植木马等黑客手段，盗用他人 QQ，事先就有意和 QQ 使用人进行视频聊天，获取使用人的视频信息，在实施诈骗时播放事先录制的使用人视频，以获取信任。分别给使用人的 QQ 好友发送请求借款信息，进行诈骗。

拓展阅读

电脑远程共享操作诈骗

2023 年 4 月 18 日，某高校教师在办公室内接到一自称银监会工作人员的电话，称事主的贷款存在问题，还发了中国征信中心的一个网址让事主操作，后让事主下载国家反诈中心 App 进行风险自查以骗取事主信任，查好后让事主下载 Teams App，进入会议并屏幕共享，根据对方提示转到安全账户，共计被诈骗 50 余万元。

借口购物网站诈骗

2023 年 4 月 15 日，某大学研究生报案称，其在宿舍接到一自称京东金条工作人员电话，对方称事主在京东金条网贷利率高于国家规定，需要解除该业务，事主相信后按对方指示进行操作，共计被骗人民币 25000 余元。

网络充值购物

2022 年 7 月，山西省某大学生黄某某在玩手机游戏时，网上有人表示要高价购买黄某某的游戏账号，随后双方添加为 QQ 好友。对方让黄某某登录一个叫作"下芬购"的网站，称该网站为正规游戏交易平台，很多游戏玩家在此买卖账号。黄某某同意出售账号，但对方称用来购买账号的钱款被"下芬购"网站冻结，需黄某某充值进行交易确认，黄某某便在该网站充值 2 次共 3000 元，后发现对方的 QQ 联系不上，该网站也无法登录。

电信网络诈骗

电信诈骗最早于 20 世纪出现在我国台湾地区，21 世纪以来逐渐传入内地省份，起初是以短信、电话诈骗的方式对受害者实施犯罪行为，随着我国网络建设的持续发展，逐渐衍生出网络诈骗这一新型诈骗模式，伴随着移动支付技术的发展与成熟，互联网使用人群和数量的扩张，网络诈骗的形式更加变化多端、受害者的范围更广，较难从根源上杜绝网络诈骗。

国内对于电信诈骗的打击非常大。很多电信诈骗集团逐步转移到国外，并且以"帮助老乡找工作""高薪招聘"等方式欺骗、绑架国内民众到国外开展电信诈骗业务。同时还会利用"高薪兼职"等方式，欺骗中国留学生加入诈骗集团。进入诈骗集团者，经常受到非人待遇。诈骗犯罪集团在巨大利益的驱动下，轻则棍棒相加，重则草菅人命。

目前，已经形成了很多集团化、区域化电信诈骗现象。有一定经济实力的电信诈骗集体，会成群结队地聚集在某个国家某个地区，他们会通过合法化的伪装，租赁或购买整个村庄或写字楼开展电信诈骗工作。

有效净化校园网络生态

公安部 2023 年 7 月 21 日在京召开新闻发布会。获悉，自 2023 年 4 月 10 日开始，开展为期 100 天的网络谣言打击整治专项行动。行动期间，全国公安机关共侦办案件 2300 余起，整治互联网平台企业近 8000 家（次），依法关停违法违规账号 2.1 万余个，清理网络谣言信息 70.5 万余条，以强有力的实际行动整治网络谣言问题乱象，有效净化网络生态，积极营造清朗有序的网络环境。

第三节 大学生遭遇电信网络诈骗的原因和特征

高校电信网络诈骗屡禁不止的原因有很多，找对"病因"才能对症下药。结合时代背景考察现实案例，大学生遭遇电信网络诈骗的因素可以分为内发因素和外在因素。

一、大学生遭遇电信网络诈骗的内发因素

（一）没有树立正确的价值观念

大学生辨别网络贷款诈骗、网络交友诈骗等一系列的诈骗行为的能力较弱。这与其社会经验不足、防范能力不强，以及金融常识和法律常识薄弱等密不可分，但是通过大量案例发现，更主要的原因是一些大学生不愿意主动走出"信息茧房"，没有树立正确的价值观念。

当代大学生是在互联网时代成长起来的一代，"受社会潜在压力、多元社会思潮、网络空间管理不完善、网络思政教育迟滞四重因素影响，网络亚文化对一些大学生的理想信念、价值取向等产生消极作用。"[1]"片面的享乐主义、过度的消费主义、激进的功利主义对大学生心理健康价值观培养等方面造成了严重危害和影响。"[2]在网络场域中，大学生可以自由选择感兴趣的栏目和话题，接受符合个人趣味的信息，甚至只跟志趣相投的群体交流。然而，一旦长期沉浸在价值观相同的同质化群体中，可能会导致人们交往对象和信息来源的窄化，这意味着处在"信息茧房"中的个体与其他个体或群体之间交流和关联的机会将日益减少，造成群体极化与知识鸿沟现象，甚至降低社会的黏性，阻碍社会共识的形成。[3]

长期与价值观相近的同质化群体交往，在一定程度上强化了大学生对自身价值的认同，有助于提升他们的自信心，但也有负面影响——容易导致大学生产生自我认知偏差，不利于树立正确的价值观。譬如，未意识到自己过度消费，误以为升学有捷径，毕业论文能投机取巧等，导致部分大学生在遇到诈骗犯罪分子的诈骗套路时毫无准备。

（二）家庭教育方式偏差

部分大学生社交需求在现实世界中难以得到满足，有些大学生是"独二代"，即第一代独生子女的子女，他们中有的曾是留守儿童。"独二代"从小生活在"4+2+1"家庭中，享受着亲人的悉心爱护和优渥的物质生活条件。"留守儿童"相对而言缺乏父母的亲情陪伴，但有些不缺乏金钱——因为很多外出务工的父母对子女表达爱的方式是给予金钱。不管是"独二代"还是"留守儿童"，家长能满足他们的基本物质需求，但是他们的精神需求却很难得到满足。

在当代社会，社会团结形式发生了变化，个体化趋势越发明显，相对于个体深嵌于家庭和亲属关系的传统社会，当代大学生获得情感支持的渠道急剧窄化，成为越发孤独的个体。学校日趋重复的生活节奏和密闭空间使他们困顿不安，他们渴望挣脱束缚，害怕孤独，

[1] 杨月荣、郝文斌：《"00后"大学生受网络亚文化影响情况分析》，《思想理论教育导刊》2021年第4期。

[2] 孔德生、胡在珊、高志刚：《社会关系物化视域下大学生物质主义价值观探析》，《黑龙江高教研究》2021年39卷第2期。

[3] 张睿、吴志鹏、黄枫岚：《"00后"大学生的思想观念及行为倾向研究》，《思想理论教育》2021年第6期。

有着强烈的交往和情感归属需求 ❶。进入大学也意味着脱离家人的怀抱，情感归属需要难以得到满足。

大学是人生的重要阶段，是大学生蜕去稚嫩走向社会的过渡阶段。长时间与同质化群体接触影响了他们的社交能力，在他们步入大学后，面临的第一个难题便是人际交往。大学的生源来自全国各地，大学生们不仅生活习惯差异大，所接受的文化风俗也全然不同。在如何与来自天南海北的同学融洽相处的问题上，不少大学生手足无措，选择逃避，导致现实生活中的正常社交无法开展甚至造成交往障碍。于是他们的社交需求便转向网络，通过虚拟世界得到满足，如此循环往复导致内心更加空虚。因此，诈骗犯罪分子便盯上了有强烈社交需求的大学生，为其量身定制网络交友诈骗。一些涉世不深和容易轻信他人的大学生便很容易掉入网络交友诈骗的陷阱。

二、大学生遭遇电信网络诈骗的外在因素

（一）消费主义的不良影响

新时代大学生社会心态总体呈现出理性平和的主流趋势，但也受各种外部因素影响及自身因素的制约，一些非理性的社会心态在大学生当中滋生和蔓延，严重困扰了青年大学生的健康成长。受商业社会大众消费主义的一些不良影响，大学生难免会产生超前消费的想法，当生活费不能满足消费需求时，便开始寻求其他渠道获取钱财。

（二）隐私信息泄露

犯罪团伙在实施电信网络诈骗的过程中，大学生个人信息特别是身份证件和银行卡（以下简称"双卡"）信息的泄露为犯罪行为提供了便利。掌握大量大学生个人隐私信息可以帮助诈骗犯罪分子确定受害对象，精准实施诈骗行为；利用他人的"双卡"不暴露自己的真实身份意图逃脱公安机关的侦查。因此，保护个人信息，防范"双卡"的非法交易尤为重要。在当前的社会环境中，个人信息面临着被泄露和兜售的风险。我国网络购物用户规模巨大，再加上信息安全缺乏有效保障，个人信息泄露时有发生。特别是在网络购物中，大学生的手机号码、身份证号码、住址、支付账号等信息就会被电商平台和商家获取，甚至可能被二次利用，导致网络购物诈骗频繁发生。

（三）家庭教育与学校教育

大学生的教育包括家庭教育、学校教育和社会教育。大学生价值观念和行为选择主要受到家庭教育和学校教育的影响。家庭是个体从自然人向社会人转变的重要场所。部分大

---

❶ 陈振中：《"情感体制"视角下大学生消费行为探析》，《南京师大学报》（社会科学版）2021年第5期。

学生存在功利主义、以自我为中心等倾向，但家长却没有重视，家庭教育的欠缺导致他们缺乏正确引导。

部分高校的教育也存在问题。经过几十年的高速发展，大学生所面临的社会环境已经截然不同，然而有的高校教育尚未跟上社会变化，面向大学生开设的职业生涯规划、就业指导、安全教育等课程内容与时代脱节，上课形式也未及时革新，其教学难以吸引大学生，也难以提高他们的安全防范意识。

拓展阅读

大学生身陷"套路贷"

2017年3月，哈尔滨市某高校大四女学生王某在哈尔滨市一小额贷款公司签订一份贷款3000元，为期一周到期还款5000元的贷款合同。到期后，因王某无力偿还此笔贷款，被该公司人员以帮其平账为由，先后诱使其与该公司的多个分公司签订多个高额贷款合同，使其身陷"套路贷"中。至今，已被强迫还款10万余元。专案组在缜密侦查后，查明哈尔滨聚恒力投资有限公司和哈尔滨金阳汽车租赁有限公司利用"可乐分期""学生时代（90贷）""南京悦才科技"等20余个线下贷款平台和网上贷款平台，专门实施针对在校大学生的"套路贷"违法犯罪行为，受害人达400余人次，涉贷金额400多万元。2017年12月26日，专案组将犯罪嫌疑人孙某宇在内的19名犯嫌疑人一举抓获，当场扣押贷款合同100余份，涉及贷款金额200余万元。

校园贷的危害

● 什么是"校园贷"

"校园贷"，又称校园网贷，是针对大学生的一种借贷金融服务。在校大学生通过互联网在校园贷平台完成提交个人身份资料、审核、支付一定手续费等借款流程操作，就可以申请到一定额度的信用借款。"校园贷"因无须任何担保，无须任何资质，而备受大学生的追捧。

● "非法校园贷"四大特点

一是借贷人基本都是在校大学生，缺乏对非法校园贷的风险认知。
二是借贷金额一开始都不高，但翻倍速度极快，让借贷人不堪重负。
三是经常采用裸照曝光、电话威胁等非正常手段催逼还款。
四是在学生无力还款时，往往找到学生家长或亲友出面还款。

● "校园贷"的三种分类

第一种是针对大学生的分期购物平台，如趣分期、任分期等，部分还提供较低额度的现金提现。

第二种是P2P贷款平台，用于大学生助学、培训和创业，如投投贷、培训贷、名校贷等。

第三种是传统电商平台提供的信贷服务。

三、大学生遭遇电信网络诈骗的基本特征

许多大学生都遭遇过电信网络诈骗，通过深入调研与考察后发现，针对大学生的电信网络诈骗具有形式多样、迷惑性强，对象精准、成功率高，远程实施、辐射面广，分工严密、专业性强等基本特征。

（一）诈骗形式多样、迷惑性强

近年来，高校开展大量线上课程，于是出现了承诺代上网课"5元一科"，代学生刷网课视频的诈骗行为盛行。近年来，越来越多大学毕业生选择继续升学，社会上便出现了专门针对考研、专升本等大学生的诈骗。与传统诈骗相比，电信网络诈骗犯罪分子利用大数据和互联网不受时空限制的特点，扩大了诈骗对象范围。高校电信网络诈骗几乎涵盖各个年级的大学生。诈骗犯罪分子根据不同年级大学生的特点和需求变换出不同的诈骗形式，迷惑性强，导致不少大学生受骗。同时，诈骗犯罪分子也会为了逃避公安机关的打击，不断升级诈骗技术与套路，以致电信网络诈骗在短时间内难以被彻底铲除。

（二）诈骗对象精准，成功率高

随着国家有关部门"反钓鱼"反欺诈工作的有效开展，人们的防骗意识逐渐提高。过去常见的"广撒网"式的诈骗成功率越来越低，但根据对象的个人信息而专门设计的"精准诈骗"令人防不胜防。诈骗犯罪分子通过掌握大学生的个人信息，整合分析制订相应的诈骗方案，随机变换诈骗手法，使大学校园成为电信网络"精准诈骗"的"重灾区"。

（三）诈骗远程实施，辐射面广

近年来，电信网络技术的普及在给人们带来便利的同时，也为远程诈骗的实现提供了条件。诈骗犯罪分子通过电信网络，将传统诈骗模式与新兴技术相结合，把"诈骗网"撒向广大群众。

诈骗犯罪分子通过电信网络远程实施犯罪，踪迹难觅，隐蔽性强，甚至还有跨境诈骗。

远程作案降低了诈骗犯罪分子的犯罪成本和落网风险，导致越来越多的行为人铤而走险。

（四）诈骗分工严密，专业性强

电信网络诈骗团伙组织结构严密，内部分工明确，技术专业，集团化程度高。大部分人员只是专门负责诈骗流程中的某一个环节，既相互配合又彼此独立，甚至各成员之间互不相识，具有很强的隐秘性。

四、为何大学生易受网络诈骗

大学生容易成为受骗群体，主要是有以下原因。

一是现在大学生年纪小，社会阅历不足，防范意识弱，遭遇网络诈骗难以分辨，较易受骗。二是大学作为"象牙塔"，校园环境相对封闭，多数大学生首次脱离父母的管束，生活自由度较高，家校间的监管产生漏洞。三是大学生网络使用率极高，也是网络诈骗频发的原因之一。四是大学生无稳定收入，仅依靠家长的生活费，很多学生出于各种原因，对金钱的欲望较大，容易走进网络诈骗的圈套。

网络诈骗的发生，使学生蒙受巨大损失，危及他们的生命、财产安全，严重扰乱了学校的正常秩序。

拓展阅读

兼职走捷径想轻松赚钱

严某是一名江西的大学生。2023年6月中旬，严某在QQ空间看到兼职信息进入了兼职群。几天后，该兼职群管理员找到严某，表示只要能帮忙代拨电话就可以轻松赚钱。

严某为牟取非法利益，在明知该群管理员是在实施诈骗犯罪的情况下，仍然听从安排，在其租住地，使用自己的平板电脑与该群管理员保持QQ语音通话的同时，用自己手机拨打该群管理员提供的机主号码，拨通后，将平板电脑和手机的语音外放，由该群管理员和号码机主通过免提直接语音对话，以快递丢失赔付运费险或取消京东白条等方式对号码机主实施诈骗。

经查，严某共拨打电话55起，其中被害人张某在接到严某来电后，被对方以京东白条不符合国家政策必须取消为由，在按要求搜索"京东服务大厅"，下载相关软件并操作后，被骗人民币40501元。严某非法获利人民币728元。

南昌市东湖区人民法院经审理后认为，被告人严某明知他人实施电信网络诈骗犯罪，仍帮助提供通讯联通传输，致使被害人40501元钱款被骗，数额较大，其行为已构成诈骗罪。由于被告人严某系从犯、初犯，具有坦白、认罪认罚、主动退缴违法所得的从轻量刑情节。法院责令被告人退赔被害人经济损失，违法所得予以没收上缴国库。

最终，法院以诈骗罪判处被告人严某有期徒刑一年二个月，并处罚金人民币一万元。

严厉打击电信网络诈骗案件

2024年1月5日，公安部宣布，2023年1—11月，全国共破获电信网络诈骗案件39.1万起，抓获一大批违法犯罪嫌疑人，自8月以来电信网络诈骗犯罪发案数连续下降，打击治理工作取得显著成效。针对缅北涉我电信网络诈骗犯罪严峻形势，公安部部署云南等地公安机关深入推进边境警务执法合作。在缅甸各方的大力配合下，2023年共有4.1万名电信网络诈骗犯罪嫌疑人移交我方。此外，公安机关还严厉打击为境外诈骗集团提供推广引流、转账洗钱、技术开发、组织偷渡等非法服务的涉诈黑灰产犯罪团伙，抓获犯罪嫌疑人7.9万名，其中包括诈骗集团幕后"金主"、头目和骨干263名。

第四节　防范网络电信诈骗

一、网络安全防范意识

（一）网络安全意识概述

应对大学生网络安全问题，核心在于培养其网络安全防范意识。防范意识，即人在所生存空间中可以感知危险存在的敏感度，作为一种后天习得的能力，防范意识可以在生活、工作、学习中更好地帮助人们识别身边的危险、圈套等，并拥有抵御诱惑避免进入危险的圈套中，防范意识可以帮助人们认识危险并保护人避免其遭受伤害。

大学生网络安全防范意识，是一种特殊形式的安全意识，其基本内涵是大学生群体在运用计算机网络、新媒体等工具开展网络行为的过程中，所具备的基本的保护自身以及他人财产安全的意识、技能和态度。学者薛立辉提出：学生应通过感觉、知觉、记忆、思维、想象等对现实安全具有准确、清醒的认识，对外在客观事物的安全状态进行正确的判断，对自己的行为有意识地进行决策和控制，使自己或他人免受伤害，成为知法、守法、护法、明辨是非并具有防范能力的公民。

大学生网络安全防范意识是一种大学生在网络生活中的防范意识，具体来说就是一种帮助大学生识别网络生活中网络诈骗陷阱、自我保护的一种能力，网络安全防范意识使人拥有足够的警惕心理来应对网络中的诈骗风险，当只身处在网络空间时，可以认清、辨别网络诈骗的一种能力。

网络安全防范意识，是人们通过认识网络诈骗的内容、类别、表现形式所形成的一种主观的认识，由于生活环境、所受教育、兴趣爱好等原因的影响，个人对网络诈骗的认识不尽相同，对于网络诈骗的防范意识也有所差别。

网络安全防范意识是人在网络生活以及现实生活中后天所习得的，在培养和提升网络安全防范意识的过程中，通过案例示范、了解内部运营情况等方法，人对于网络诈骗有更进一步的认识，在持续的学习后，所学知识逐渐转变为个人的能力，其网络安全防范意识可以得到持续的提升。

网络安全防范意识对于个体的发展、价值观、人生观、世界观的形成都具有重要的意义，可以促进人的全面发展。大学生在学习阶段拥有网络安全意识至关重要，大学生遭受电信网络诈骗的案例不在少数，部分大学生经受巨大的经济损失，虽然现阶段大学生普遍拥有一定的网络诈骗防范意识，但面对复杂的网络形势，大学生网络诈骗防范意识并不能与时俱进，有待进一步加强。本书的研究更加侧重于利用大学生安全教育、媒介素养教育等，使大学生注重在网络生活中个人信息与财产安全，提升大学生的用网习惯、安全意识，端正大学生的网络行为，提升大学生网络诈骗防范意识。

（二）网络安全意识影响因素

为提升大学生网络诈骗防范意识，高校、社会、家庭对大学生进行网络诈骗防范教育。大学生网络诈骗防范教育从形式上来看，往往融合于大学生新生入学教育、校园宣讲会、校内宣传，以及大学生思想政治教育课程中，以显性教育与隐性教育并存的方式对大学生施加教育影响，使大学生可以通过多种形式接受网络诈骗防范教育，保护大学生免遭网络诈骗侵害。大学生网络诈骗防范教育从内容上来看对应大学生进行社会主义核心价值观教育，通过社会主义核心价值观教育，不断完善并提升大学生的价值观念，抵制不良诱惑；还应对大学生进行法治教育，包括法治理念教育以及法律意识教育，提升大学生法治意识与法治观念，在预防和遭受网络诈骗的过程中运用法治观念维护自身合法权益；通过安全教育提升大学生的安全意识，使大学生主动识别危险的网络陷阱；与此同时，网络素养教育也应融入大学生网络诈骗防范意识教育中，现阶段大学生触网较多，由于自身网络用网习惯差、网络行为不加以约束等网络素养较差的行为导致大学生遭受网络诈骗的情况时有发生，应提升大学生网络素养以减少大学生不良网络行为的发生。

（三）网络暴力的应对和防范

我国经济和网络的飞速发展，为网络诈骗的滋生提供了土壤，侵害大学生的权益。通过对高校网络诈骗进行研究，提升大学生网络诈骗防范意识，以减少大学生遭受网络诈骗现象的产生。本书拟通过运用实证研究、文献研究、个案研究等方法对高校网络诈骗现状进行分析，并提出解决路径。对维护我国网络安全，构建和谐校园环境，帮助学生树立正确的网络安全观具有重要意义。

一是有利于维护我国网络安全。培育大学生网络诈骗防范意识，可以使学生自觉地规避网络诈骗风险，减少威胁我国网络安全的案件发生，从而维护我国网络安全。

二是有利于和谐校园的构建。减少校园网络诈骗案的发生，切实维护大学生的生命和财产安全，减少校园恶性事件产生，维护和谐的校园环境。

三是有利于学生树立正确的网络安全观。培育大学生网络诈骗防范意识，可以强化网络安全在大学生心中的地位，并帮助其树立正确的网络安全观。

近年来，随着新媒体技术快速发展，电信网络诈骗犯罪频发，国家对此极为重视。2021年4月，习近平总书记对打击治理电信网络诈骗犯罪工作作出重要指示，中央宣传部、公安部在北京联合启动"全社会反诈总动员"全国反诈防诈系列宣传活动。随着大学生陆续走向社会，大学生将逐渐成为社会的主体，他们善于接触新事物、适应新环境，具有行动自由化、个性独立化、表达直接化、思想多元化等特征。信息技术的快速发展便利了大学生的生活，但电信网络诈骗也借着移动互联网的东风侵入各个校园，给他们带来了极大困扰。通过检索文献发现，关于电信网络诈骗的研究主要集中于法律适用或者预防对策方面，较少对这种新型犯罪进行现象学分析，从大学生的视角出发进行对策研究的成果不多。为此，本书通过考察大学生遭遇的电信网络诈骗，探讨其常见类型、基本特征、形成原因，并在此基础上探讨防范对策。

二、高校防范网络暴力的应对策略和途径

2021年4月，习近平总书记在打击治理电信网络诈骗犯罪工作会议上作出重要指示，提出要坚持以人民为中心，统筹发展和安全，强化系统观念、法治思维，注重源头治理、综合治理，坚持齐抓共管、群防群治，全面落实打防管控各项措施和金融、通信、互联网等行业监管主体责任，加强法律制度建设，加强社会宣传教育防范。由此可见，打击和治理电信网络诈骗犯罪要坚持齐抓共管、群防群治，需要学生、家庭、高校和政府的共同努力。

电信网络诈骗在高校频发，除了外在原因，也离不开大学生自身的原因。外因是事物发展的条件，内因是事物发展变化的根本原因。因此，防范电信网络诈骗，最关键的还是要从大学生自身出发。

首先，要树立正确的价值观念。高校学生最重要的任务是学习，而不是物质攀比。养成良好的消费习惯，合理分配消费支出，适当增加精神文化消费，通过砥砺意志提升心理品质进而实现高度自律，否则就会缺乏辨别是非的能力，很容易受到不良文化的影响。

其次，要突破专业限制，多关心社会知识。一些大学生往往只学专业知识，对其他方面关心不足，不了解社会，很难识别诈骗的陷阱。即便他们有切实的贷款需求，但对偿还贷款的能力评估、逾期对信用的影响以及违约需承担的风险并没有准确的认知。因此，更

应该调整角色，不仅做一个"专业人"，也要成为"社会人"，这有助于提高警惕并识破诈骗行为。

最后，大学生要从虚拟的网络世界走出来，回归到现实生活中。不少大学生进入大学后远离家人，封闭自己，不愿与同学更多交往，将情感寄托于网络世界，这便很容易进入电信网络诈骗的套路之中。大学生应该走出自己的小世界，走出"信息茧房"，积极参加集体活动，多与老师和同学交流。

三、遭遇网络诈骗后的应急措施

第一，保持冷静，确定损失。首先确定自己的损失，如钱财、物品等，条件允许的话，可以列出损失清单，供报案所用。如果被骗为游戏道具、游戏币、账号或其他虚拟物品，请先联系该游戏、软件或者网站的管理员进行处理。

第二，尽快报警，防止二次受骗。确定了损失之后，必须尽快报警，切不可再联系网络诈骗者，防止二次受骗，有的受害者追回损失心切，未经报案便私下联系网络诈骗者，并且轻信了其提供的退款、退物的谎言，二次受骗，使损失进一步扩大。

第三，搜集证据，妥善保存。网络诈骗者一般都是通过媒介和被害人接触联系，如QQ、微信、手机短信、电子邮件和网络游戏等。首先受害者要保存所有证据，以及交易记录，最好有银行的交易记录，还要有网络聊天记录、与对方的联系方式等。

> 小贴士
>
> ### 防网络诈骗小口诀
>
> 陌生电话要警惕，可疑短信需注意；
>
> 中奖退税送便宜，哄你汇钱是目的；
>
> 暴利理财和投资，多是诈骗莫搭理；
>
> 刷卡消费欠话费，细分真伪辨猫腻；
>
> 任凭骗术千万变，我自心中有主意；
>
> 不理不信不汇款，小心谨慎防万一。

第十章
实习实训安全

案例导入

18岁的王某是某技校数控班车床专业的在校学生，2012年10月的一天下午，在上车床实训操作课时，被车床打伤右手，造成十级伤残。事故发生后，王某就医治疗，双方就赔偿事宜未能达成一致意见，遂诉至法院，依法判决被告某技校赔偿原告王某医疗费、交通费、残疾赔偿金的70%。

事故分析：王某认为是由于学校的车床存在松动问题，造成自己的右手粉碎性骨折，要求学校方赔偿自己医药费、营养费等各种费用。学校辩称，学校提供给学生实习的车床是正规企业生产的合格产品，符合国家相关产品标准，有出厂产品合格证，不存在任何隐患。王某之所以受伤，是其在实习时违反操作规程所致。学校方已履行了对学生的安全教育、监督、保护管理义务，校方不存在任何过错，不应承担民事赔偿责任。学校向法院提交了车床的合格证明书、车床操作规程、学校规章制度、车间警示牌等以证明其无过错。

这是一起双方都有责任的实训事故。法院审理认为：王某在技校就读，在学校组织的实训操作课上，被车床打伤右手，造成十级伤残的损害后果。王某提交的证据不能证明校方未尽到安全教育的义务，也不能证明校方提供操作的设备不符合标准、有明显不安全因素的情况，而校方提交的证据不能证明王某对事故的发生存在明显的过错。根据王某是在技校组织的教育教学活动过程中受伤的实际情况，双方应当分担民事责任，王某承担次要责任，校方承担主要责任，综上，法院作出前述一审判决。

启示：学生实训受伤，这是学校和学生都不愿看到的事情，这就要求学校和学生都要严谨对待自己的岗位，尽职尽责。学校要注意实训器械和实训场所的安全，及时维修，定期检修，注意学生在使用机器时的规范操作，注意干扰因素的排除，让学生远离事故。

学生要强化规范操作意识，车间机器操作都有着严格的要求，不仅要求产品精益求精，更要求机器的正确使用和人员的安全，尤其是使用大型机器时，安全隐患较多，稍有疏忽，就有可能给自己或他人带来伤害，因此，学生一定要严格按照教师讲的操作规程正确操作。

第一节　大学生劳动安全

一、普遍权益

大学生作为中华人民共和国公民，享有《中华人民共和国宪法》赋予的合法权益。体现在实习过程中的普通权益有以下两点。第一，财产权。财产所有人有权控制使用其合法财产。财产权是一种绝对权，任何人不得侵犯和非法限制。实习生在实习过程中应得实习报酬不得被他人扣留、克扣或者拖延支付。第二，生命健康权。保障生命安全以及保护身体健康。冒险作业、有毒有害劳动条件等都会损害生命健康权。实习生在实习期间发生人身伤害事故时，实习单位、学校等相关责任人因规避责任而造成实习生生命权受到威胁，应追究其相应法律责任，维护实习生生命权。实习生在实习单位的工作环境应当符合国家职业卫生安全标准，不得让实习生在有毒有害环境中进行实习（除特殊专业），保障其健康权。

二、劳动权益

中国的劳动法律并没有专门针对大学生的劳动者身份进行明确承认，但劳动法律普遍适用于所有从事劳动活动的人员，包括大学生。根据《中华人民共和国劳动法》等相关法律法规，大学生在参加劳动活动时享有与其他劳动者相同的权益和保护，无论是在实习期间还是正式就业。

劳动法律确立了劳动者的基本权益和保护措施，如工资支付、工时安排、劳动合同、工作条件、职业安全与健康、社会保险等方面的规定。这些法律法规适用于所有劳动者，包括大学生。在一些特殊情况下，对于大学生实习的具体规定，可能会有一些地方性或部门性的规定或指导文件，如高校实习管理办法、实习协议等。这些规定通常旨在明确实习的条件、权益和责任，确保实习过程中的合法权益得到保障。

虽然劳动法律没有明确将大学生作为一类特殊的劳动者，但大学生作为劳动者仍然享有基本的劳动权益和保护，可以依据劳动法律法规进行维权来保护自身的合法权益。

三、大学生的实习权益

大学生实习权益是指大学生在实习过程中享有的权利。我国有一些具体的法律法规涉及大学生实习权益，如《中华人民共和国劳动法》，该法规定了劳动者的基本权益和保护措施，适用于所有劳动者，包括大学生实习生，如关于劳动合同、工资支付、工时安排、劳动保险、职业安全与健康等方面的规定。教育部等部门印发的《关于加强和规范普通本科高校实习管理工作的意见》和《职业学校学生实习管理规定》规范了大学生实习活动的组织和管理，明确了大学生实习的定义、实习的组织程序、实习合同的签订、实习报酬的支付、实习期间的权益保护等内容。实习协议的示范文本能够指导大学生和用人单位在进行实习时签订实习协议。明确了实习协议的内容，包括实习目的、实习期限、工作内容、实习报酬、劳动保护等方面的条款。此外还有一些地方性规定，一些地方性的法规或政策也可能涉及大学生实习的权益保护。不同省市可能会发布相关的实施细则或指导文件，以规范和保护当地大学生实习的权益。

这些法律法规旨在保护大学生实习的权益，明确了用人单位在实习期间应当履行的义务和大学生实习的基本权益。大学生在实习过程中可以参照这些法律法规，维护自身的合法权益。

大学生实习期间的权益具体如下。

（一）合理的实习安排

雇主应为大学生提供合理的实习安排，包括实习的时间、地点、工作内容等。实习安排应符合实习生的专业背景和学习目标，且不得违反相关法律法规的规定。

（二）劳动合同或实习协议

在进行实习前，应与雇主签订劳动合同或实习协议，明确双方的权益和责任。合同或协议应明确实习的期限、工作内容、实习报酬、劳动保险等方面的内容。

（三）合理的实习报酬

大学生在实习期间有权获得合理的实习报酬。实习报酬应当符合国家有关规定，并与实习工作的性质、工作量、实习生的能力和专业背景相匹配。

（四）安全和健康保护

雇主有责任提供安全和健康的工作环境，确保实习生的人身安全和身体健康。雇主应采取必要的安全措施和提供必要的个人防护装备，预防和应对潜在的工作风险。

（五）实习期间的福利待遇

在实习期间，大学生有权享受与工作条件相符的福利待遇，如餐饮、交通、住宿等。这些福利待遇应在劳动合同或实习协议中明确约定。

（六）实习期间的培训和学习机会

实习期间，大学生有权获得与实习工作相关的培训和学习机会，提升自身的专业技能和能力。雇主应为实习生提供必要的培训和学习资源。

（七）人身尊严和平等待遇

大学生在实习期间有权受到平等和尊重的待遇，不受歧视、虐待或侵犯。雇主应确保实习生的人身尊严和人格权益不受侵犯，并提供平等的发展机会。

（八）反映和投诉权利

大学生有权对实习期间的问题提出反映和投诉，包括工作环境、报酬、待遇、安全等方面的问题。他们可以向相关部门或机构寻求帮助和维权。

这些权益旨在保障大学生在实习期间的合法权益，创造良好的实习环境。作为大学生，应当了解自己的权益，并在实习过程中积极维护和争取这些权益。

四、权益受损现状

即使实习方式各有不同，实习实训权益受损情况均有发生。以下是几种常见的状况。

（一）低报酬或无报酬

一些实习岗位给予大学生较低的实习报酬，甚至有些实习是无报酬的。这导致大学生在实习期间无法获得合理的经济回报，难以满足生活和学习的需求。中国人民大学劳动人事学院和阿里巴巴商学院的一项调研发现，近70%的大学生实习生月收入低于1500元。2019年中国青年就业创业调查报告显示，大学生实习薪酬普遍较低，约有46.4%的大学生实习薪酬低于1500元。2017年中国大学生就业质量报告显示，大学生实习薪酬普遍偏低，有一部分实习生甚至没有薪酬。

（二）加班和超负荷工作

一些用人单位存在加班和超负荷工作的情况，实习生可能面临长时间工作、无休假和高强度工作的压力，影响身体健康和学习质量，因行业、公司文化和实习岗位的不同，情况有所差异。比如一些大学生在参加知名互联网公司的实习期间，可能会面临长时间的工作和加班。由于项目紧张或工作强度大，他们可能会超过正常工作时间，甚至连续加班。在医疗行业，由于行业特殊性，医疗实习生实习期间也可能要承担较大的工作压力和工作量。此外，一些新闻媒体或广告公司的实习生可能会面临工作时间不规律和加班的情况。新闻行业常常要求在紧急事件或重要报道时加班工作，这可能会导致实习生的工作时间超出正常范围。

（三）工作环境不安全或不健康

部分实习岗位的工作环境存在安全隐患或不健康因素，给大学生的人身安全和健康带来风险。如在进行科学实验或研究实习时，大学生可能会接触到有害化学品、放射性物质或其他潜在的危险物质。如果实验室缺乏必要的安全设施、防护措施或培训，可能会给大学生的健康带来损害。而在建筑或工程项目实习时，大学生可能会面临高处作业、机械设备操作或物体飞溅等危险情况。如果工地缺乏必要的安全措施、个人防护设备或专业培训，可能会给大学生的人身安全带来风险。

（四）缺乏权益保障

一些实习生可能面临合同模糊、权益保障不完善的情况。他们可能没有明确的劳动合同或实习协议，缺乏法律保护和救济渠道，容易受到不公平待遇或侵权行为。部分用人单位可能会拖延支付实习生的工资或未按时支付工资，造成经济上的困扰。些实习生可能在工作中遭遇歧视、不公平对待或不平等对待。这可能包括薪资差距、晋升机会受限或受到不当待遇等问题。

（五）缺乏指导和培训

部分实习岗位缺乏有效的指导和培训机制，实习生可能会面临缺乏指导、迷茫和能力发展受限的问题。他们需要更多的支持和指导来提升实际工作能力和职业素养。一些实习机构可能没有为实习生提供职业发展方面的指导和支持。缺乏职业发展指导可能使实习生在实习期间无法了解自己的职业发展路径和机会。另外，缺乏反馈和评估可能使实习生无法及时了解自己的工作表现，无法及时调整和提升。

这些问题反映了一些用人单位在对待大学生实习权益方面存在的不足，需要通过加强法律法规的落实、加强监管和培训机制的建立等途径来改善大学生实习权益受损的现状。同时，大学生本身也应提高权益意识，积极维护自己的合法权益，寻求相关部门的支持和帮助。

五、实习安全准则

针对大学生实习期间劳动安全方面的问题，提出了实习安全准则。

（1）严格遵守国家的法律、法规和相关规定，不得从事任何违法活动。服从实习指导教师的安排，接受安全教育，认真学习学校制定的实习生安全管理规定相关文件，严格遵守学校规章制度。

（2）学生实习单位的联系采用指导教师集中联系和学生自主联系相结合的方式进行（报告实习指导教师及家长，征得家长同意）。

（3）实习指导教师负责对实习生进行安全教育，提出纪律要求。

（4）严格遵守实习纪律和实习单位的各项规章制度，服从管理。不准携带任何与实习无关的物品进入实习单位的演播厅、制作机房等办公场所，不准在其内抽烟、吃零食、随地吐痰，以及喧哗、打闹。

（5）实习学生要牢固树立"安全第一"的思想，提高自我保护能力，明辨是非，要拒绝他人的无理要求；不得私自到江河湖海、水库、山塘旅游或从事其他危险活动。

（6）注意人身财产安全，配合做好防火防盗工作；遵守交通规则，不得无证驾车；不得擅自到江、河、湖、海等水域游泳；讲究饮食卫生，预防疾病传播。

（7）实习开始后，学生每天应自觉接受实习单位的安全技术交底。严格遵守实习单位的安全管理制度和操作规程等相关规章制度，服从现场工作人员的指挥。

（8）进入工地实习，必须戴安全帽，必须服从实习单位的安全管理，严禁穿拖鞋、高跟鞋进入工地，严禁在工地现场抽烟。

（9）不得从事特殊工种的作业，如焊工、电工、起重工等。

（10）实习期间，需提高自我防范意识，做好防触电、防坠落、防高空物体打击、防食物中毒等工作。

（11）在高支模、深基坑、起重机械、施工电梯、爆破作业等有重大危险源的场所实习时，须特别注意做好人身安全的防护工作。

（12）实习期间，严禁在实习时间内外出游玩，不准酗酒，不准寻衅滋事，不准进网吧、歌厅等与学生身份不符的场所，谨慎交友、注意自身防范。

（13）实习期间，学生每周至少要主动与自己的实习指导教师联系一次，汇报实习情况。

（14）不得擅自离开实习单位，因特殊原因必须离开单位的，应向实习指导教师请假，经批准后方可离开。

（15）由系统一安排实习的学生必须严格按照系安排的实习点和内容进行实习，不得随意调换实习岗位，不做与实习无关且有安全隐患的活动。

（16）必须按时住宿在指定地点，不得随意留宿他处。非工作原因，夜间不得擅自离开实习单位或居住地外出活动，注意人身安全；在房间里要随时关闭门窗及窗帘。如确需外出，要结伴而行，并告知班干部及同寝室其他同学外出方向、联系方式，切记要及时返回。

（17）实习期间应妥善保管自身财物，贵重物品随身携带。大额钱财存入银行，要爱惜公共物品和实习设施，如因个人原因损坏公物，本人要照价赔偿。

（18）同学之间相互关照，如发现身体不适等异常情况，应尽快报告实习指导教师。

（19）要自尊、自重、自爱，遵守社会公德和公共场所的有关规定，远离毒品，不打架斗殴，不酗酒闹事，不观看淫秽书刊和音像制品，不浏览色情网页，不得参加传销，不得从事迷信活动，不得参加非法组织。

（20）不得擅自动用实习场所的设备器件；损坏公物或仪器设备者按实习单位规定由损坏者本人赔偿，学校概不承担一切经济损失。实习期间，一般不得请假，如有特殊情况需请假时，必须向实习指导教师履行请假手续，经同意后方可离开。

拓展阅读

大学生兼职讲师遇"拖工资"

果某为在校大学生，于2021年7月至北京某网络公司担任兼职讲师，进行线下课程辅导，按小时计收课时费用。2021年9月30日公司与果某签署协议一份，甲方为该公司，乙方为果某。协议确认甲方按照乙方8月应得税后工资数额13135元、9月应得税后工资数额960元向乙方进行支付，上述金额甲方将于2021年10月31日前给付。若逾期，甲方向乙方支付未付工资金额5%的违约金，且乙方有权停止正常工作，直至工资发放。

后来，北京某网络公司一直没有如期支付2021年8月及2021年9月工资。2021年10月20日，果某申请劳动仲裁，仲裁委作出不予受理通知。果某不服诉至法院。

法院经审理认为，果某为在校学生，根据其所做工作性质及报酬发放模式，果某与北京某公司应为劳务关系，并非劳动关系。根据法律规定，庭审中经该院明示，果某同意本案案由变更为劳务合同纠纷。果某要求支付工资及违约金的诉讼请求有事实和法律依据，法院予以支持。

法官提示，原劳动部《关于贯彻执行〈中华人民共和国劳动法〉若干问题的意见》第十二条规定：在校生利用业余时间勤工助学，不视为就业，未建立劳动关系，可以不签订劳动合同。本案即属于该情形，故在校大学生果某与用人单位北京某网络公司之间关系被认定为劳务关系。需要注意的是，劳务合同纠纷案件不需要先行申请劳动仲裁，而是作为一般普通民事合同项下之劳务合同纠纷进行审理，这也是本案中果某申请劳动仲裁，但仲裁委作出不予受理通知的原因。

入职时未签劳动合同，大学生要求开具解除劳动关系证明遭拒

王某系在校大学生，2017年7月取得毕业证。2017年2月13日，王某进入北京某旅游公司面试，通过面试后当天即入职该公司，职位是金融部旅游产品设计和销售。双方未签订劳动合同，王某月工资5000元，以银行转账形式发放，下发制，工资实际发放至2017年9月，考勤方式为王某每日到班后在对应的签到表格上签字。

2017年10月13日，王某以公司拖欠工资为由，口头通知解除劳动关系，并要求公司支付拖欠工资、未签订劳动合同二倍工资差额，开具解除劳动关系证明。北京某旅游公司不同意。双方因此发生争议，王某申请劳动仲裁，北京某旅游公司不服仲裁裁决诉讼至法院。

北京某旅游公司称，王某系在校学生，公司一直是按照每月5000元标准支付王某工资。2017年国庆节之后，王某没有来上班，不存在拖欠工资。双方未签订劳动合同，不是劳动关系，所以不同意开具解除劳动关系证明和支付未签订劳动合同的二倍工资差额。

法院经审理认为，关于王某作为未毕业学生能否与北京某旅游公司形成劳动关系的问题，原劳动部《关于贯彻执行〈中华人民共和国劳动法〉若干问题的意见》规定了公务员和比照实行公务员制度的事业组织和社会团体的工作人员，以及农村劳动者、现役军人和家庭保姆不适用劳动法，该条并未将在校学生排除在外，学生身份并不当然成为建立劳动关系的障碍。

本案中，王某虽系在校学生，但以求职就业为目的应聘相应岗位，用人单位也将其作为正式员工进行招录、用工和劳动管理，且按月向其支付劳动报酬，故双方关系并非实习或勤工助学，应认定王某与用人单位之间建立了劳动关系，确认2017年2月13日至9月30日双方存在劳动关系。

《中华人民共和国劳动合同法》第十条规定，建立劳动关系，应当订立书面劳动合同。第五十条规定，用人单位应当在解除或者终止劳动合同时出具解除或者终止劳动合同的证明。故王某要求公司支付未签订劳动合同二倍工资及开具解除劳动关系证明的诉讼请求予以支持，驳回王某的其他诉讼请求。

法官提示，如上所述，虽然原劳动部《关于贯彻执行〈中华人民共和国劳动法〉若干问题的意见》第十二条规定，在校生利用业余时间勤工助学，不视为就业。但是，该条规定并不是说用人单位不能与在校生建立劳动关系，而是明确在校生的校外实习或者勤工助学不视为就业，并不包含以就业为目的的即将毕业、肄业的在校生。在校生在用人单位实习，应当根据具体事实进行判断，对完成学校的社会实习安排或自行从事社会实践活动的实习，不认定劳动关系，但用人单位与在校学生之间名为实习，实为劳动关系的除外。

事实上，现行法律并没有将在校大学生排除在建立劳动关系的劳动者的主体之外。所以，当大学生与用人单位之间具备以下条件，就可以认定他们之间成立劳动关系：①用人

单位和劳动者符合法律、法规规定的主体资格；②用人单位依法制定的各项劳动规章制度适用于劳动者，劳动者受用人单位的劳动管理，从事用人单位安排的有报酬的劳动；③劳动者提供的劳动是用人单位业务的组成部分。

第二节　安全事故预防与应急处理

一、事故应急处理

（一）放射性事故应急处置

应急防护措施的基本原则：对措施的利益、困难、风险和代价进行全面分析，使措施所致的代价和风险小于辐射损害所致的代价和风险。

应急防护措施包括紧急措施和长期措施。紧急措施包括隐蔽、撤离、服用稳定性药物、控制进出口通道、呼吸道防护、使用防护服、淋浴以及更换衣服等。长期措施包括临时性避迁、永久定居、控制食品和饮水，以及消除建筑物和土地的放射性污染等。

救援人员必须遵循"减少停留时间、保持与放射源的最大距离以及有条件时采用屏蔽防护"的基本要求，救援人员必须配备报警探测仪器、个人剂量仪和必要的个人防护用具。

立即根据事故的性质、严重程度、可控性和影响范围等因素启动本单位相应等级的事故应急处理预案，采取有效措施控制事故的危害和影响，同时向学校保卫处、实验室管理部门报告，情况严重时应报政府主管部门。

（二）火灾事故应急处置

实验中一旦发生了火灾切不可惊慌失措，应保持镇静。首先立即切断室内一切火源和电源。然后根据具体情况正确地进行抢救和灭火。常用的方法如下。

（1）在可燃液体起火时，应立即拿开着火区域内的一切可燃物质，关闭通风器，防止扩大燃烧。若着火面积较小，可用抹布、湿布、铁片或沙土覆盖，隔绝空气使之熄灭。但覆盖时要轻，避免碰坏或打翻盛有易燃溶剂的玻璃器皿，导致更多的溶剂流出而再着火。

（2）酒精及其他可溶于水的液体着火时，可用水灭火。

（3）汽油、乙醚、甲苯等有机溶剂着火时，应用石棉布或砂土扑灭。绝对不能用水，否则会扩大燃烧面积。

（4）金属钠着火时，可用砂子灭火。

（5）导线着火时不能用水及二氧化碳灭火器，应切断电源或用四氯化碳灭火器灭火。

（6）衣服烧着时切忌奔走，可用衣服、大衣等包裹身体或躺在地上滚动以灭火。

（7）发生火灾时应注意保护现场。较大的着火事故应立即报警。

二、特种设备安全使用指南

（一）压力容器及安全附件的使用

（1）使用压力容器之前，应首先确认该压力容器已办理注册登记手续，取得《特种设备使用登记证》并在检验有效期范围内。

（2）压力容器操作人员必须取得当地质监部门颁发的《特种设备作业人员资格证》后，方可独立承担压力容器操作。

（3）压力容器操作人员要熟悉本岗位的工艺流程，包括容器的结构、类别、主要技术参数和技术性能，严格按操作规程操作。掌握处理一般事故的方法，认真填写有关记录。

（4）压力容器要平稳操作，容器开始加压时，速度不宜过快，要防止压力突然上升。

（5）压力容器严禁超温、超压运行。发现温度、压力异常时，应及时停机检查。排除故障方可重新开机。

（6）严禁带压拆卸压紧螺栓。维修时必须停机、排气卸压后方可进行。

（7）坚持压力容器日巡检制度，储气罐每日排水一次，及时发现不正常状态，并采取相应措施调整和排除。

（8）随时检查压力容器及相关管道和附件，及时处理"跑、冒、漏"现象。

（9）每月应对安全阀进行一次全面检查。手动排气以防阀芯与阀座黏死卡死。安全阀每年至少校验一次。

（10）发现下列情况时，必须及时更换安全阀：①安全阀的阀芯和阀座密封不严且无法修复的。②安全阀的阀芯和阀座粘死或弹簧严重腐蚀、生锈的。

（11）保持压力表洁净，随时注意压力表的工作情况。有下列情况时，及时更换压力表：①无压力时，指针不能归零的。②表盘玻璃破裂或表盘刻度模糊不清的。③封印损坏或超过校验有效期的。④压力表指针松动或断裂的。⑤有其他影响压力表准确指示的其他缺陷的。

（12）压力表必须交计量检测部门定期校验。

（13）停用、重新启用特种设备需在国家相关部门申请登记。

（二）玻璃器皿的使用安全

实验室中的玻璃器皿类型多样，需要学生正确使用。实验室中不允许使用破损的玻璃器皿。对于不能修复的玻璃器皿，应当按照废物处理。在修复玻璃器皿前应清除其中所残留的化学药品。在使用玻璃器皿时，需要注意以下事项。

（1）在橡皮塞或橡皮管上安装玻璃管时，应戴防护手套。先将玻璃管的两端用火烧光滑，并用水或油脂涂在接口处作润滑剂。黏结在一起的玻璃器皿，不要试图用力拉，以免伤手。

（2）杜瓦瓶外面应该包上一层胶带或其他保护层以防破碎时玻璃屑飞溅。玻璃蒸馏柱也应有类似的保护层。使用玻璃器皿进行非常压（高于大气压或低于大气压）操作时，应当在保护挡板后进行。

（3）破碎玻璃应放入专门的垃圾桶。破碎玻璃在放入垃圾桶前，应用水冲洗干净。

（4）在进行减压蒸馏时，应当采用适当的保护措施（如有机玻璃挡板），防止玻璃器皿发生爆炸或破裂而造成人员伤害。

（5）普通的玻璃器皿不适合做压力反应，即使是在较低的压力下也有较大危险，因而禁止用普通的玻璃器皿做压力反应。

（6）不要将加热的玻璃器皿放于过冷的台面上，以防止温度急剧变化而使玻璃破碎。

拓展阅读

油浴燃烧事故

事故经过：用1,4-丁炔二醇和氯化亚砜在吡啶存在下制备4-氯-丁炔-1-醇，反应完成后用乙醚萃取。经水洗干燥后在常压下蒸去乙醚和苯，得到500mL有机物，用水泵减压蒸馏，蒸出产物。加热温度为110~120℃，减压20mmHg，反应瓶1000mL。当蒸出150mL产品时，内温急剧上升失去控制，随即发生爆炸。由于通风柜的拉门处于关闭状态，没有造成人员受伤。该反应曾多次重复做过，因反应量很小，未曾发生事故（图10-1）。

事故原因：据当事人和其课题组长事后分析，含炔基官能团化合物在加热条件下容易与浓度较高的杂质发生聚合反应，释放出大量的热量，导致温度失控引发爆炸。4-氯-丁炔-1-醇是含炔基官能团的化合物，可能与反应中产生的杂质在高温下发生聚合反应引发爆炸。

经验教训：当事人佩带了防护镜和手套，并拉下了防爆橱门，因而该事故未造成人员伤害。在实验中使用危险药品或产物比较活泼的，在实验前应对该实验过程中可能出现的危险性做出预案，并落实防范措施。

图10-1　爆炸后的实验室

误操作事故

事故经过：当晚8时许，当事人在准备处理一瓶四氢呋喃时，没有仔细核对，误将一瓶硝基甲烷当作四氢呋喃投到氢氧化钠中。约过了1分钟，试剂瓶中冒出了白烟。当事人立即将通风橱玻璃门拉下，此时瓶口的烟变成黑色泡沫状液体。当事人叫来同实验室的一名博后请教解决方法，随即发生了爆炸，玻璃碎片将二人的手臂割伤（图10-2）。

事故原因：该事故是由于当事人在投料时粗心大意，没有仔细核对所要使用的化学试剂而造成的。实验台药品杂乱无序、药品过多也是造成本次事故的主要原因。

经验教训：这是一起典型的误操作事故。它告诫我们，在实验操作过程中的每一个步骤都必须仔细、认真，不能有半点马虎；实验台、工作台要保持整洁，不用的试剂瓶要摆放到试剂架上，避免因试剂打翻或误用造成的事故。

图10-2　爆炸后的操作台

乙醚事故

事故经过：当事人对所合成的产品进行后处理，即用石油醚提纯产品。反应瓶2L，石油醚1000mL（30~60℃），电热套加热回流，冷凝水冷却，至中午11时左右突然发现通风柜内有火花闪烁，接着发生爆炸。爆炸引燃了电热套和周围的纸张，当事人立即拔下电热套插座，并使用灭火器将火扑灭（图10-3、图10-4）。

事故原因：所使用的石油醚是沸点在30~60℃的低沸点溶剂，又处于夏天的连续高温环境下。经事后测量自来水温度就达到了33℃，石油醚未能冷却而大量挥发。当石油醚蒸汽与空气混合达到一定比例，遇火星即发生爆炸。

经验教训：因回流溶剂时冷却效果不佳致使大量溶剂挥发造成的爆炸事故已发生多起，这起事故再次给我们敲响了警钟。常规的回流实验虽然简单，但必须保证良好的冷凝效果。天气炎热时应避免大量使用溶剂，尤其是低沸点溶剂。

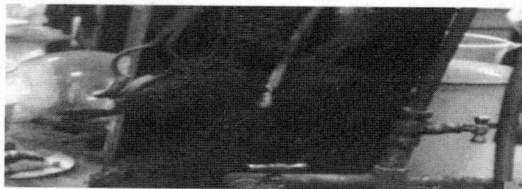

图10-3　被瞬间产生的强大热量烧焦的毛刷

图10-4　爆炸事故现场

参考文献

［1］程楠.实习大学生权益保障机制研究［D］.绵阳：西南科技大学，2020.

［2］杨月荣，郝文斌.大学生受网络亚文化影响情况分析［J］.思想理论教育导刊，2021（4）：135–139.

［3］孙凤.互联网消费信贷为何偏爱年轻人［J］.人民论坛，2021（17）：64–66.

［4］林金水.大学生安全教育［M］.上海：上海交通大学出版社，2012.

［5］吴穹.安全管理学［M］.2版.北京：煤炭工业出版社，2016.

［6］赵少东，刘瑞芳，郭建平.坚持"隐患十查"推进安全检查深入［D］.现代职业安全，2022（10），69–71.

［7］杜群.大学生安全教育［M］.北京：北京邮电大学出版社，2012.

［8］陈最华.大学生安全教育［M］.长沙：湖南人民出版社，2009.

［9］编委会.大学生安全实用知识［M］.武汉：华中师范大学出版社，2002.

［10］袁芳亭，方燕妮，张红艳，等.高校实验室安全管理实践与探索 ——以华中农业大学园艺学科实验室为例［J］.黑龙江科学，2022，13（10）：109–111.

［11］赵松云.在法制化轨道上破解社会难题［J］.共产党员，2013（19）：38–39.

［12］杨永朝.实用公共卫生学［M］.北京：中国石化出版社，2009.

［13］王珏.大学生心理健康与心理安全教育防范［J］.课程教育研究，2015（20）：13–14.

［14］陈志红.新时期大学生犯罪心理成因分析及预防措施［J］.法制与社会，2016（25）：176–177.

［15］徐隽，徐水，张潇.大学生心理健康教程［M］.上海：上海交通大学出版社，2017.

［16］蓝琼丽，徐传庚.大学生心理健康教育［M］.西安：西安交通大学出版社，2013.

［17］刘新民，张建英.大学生健康心理学导论［M］.上海：第二军医大学出版社，2007.

［18］孙平，梁智刚.大学生突发事件应急处置指引［M］.北京：中国政法大学出版社，2013.

［19］江苏省公安厅消防局.简明消防安全实用手册［M］.2版.南京：江苏人民出版社，1995.

［20］李钰，王春青.建筑消防工程学［M］.徐州：中国矿业大学出版社，2011.

［21］李根敬.消防安全知识读本［M］.西安：陕西科学技术出版社，2009.

［22］崔效敬.消防安全与管理［M］.郑州：郑州大学出版社，2001.

［23］关月玲.校园安全教育［M］.杨凌：西北农林科技大学出版社，2012.

［24］王文湛.学校安全工作指南［M］.北京：光明日报出版社，2005.

［25］陈湘兰，沈情.校园火灾特性分析和主要危险因素识别［J］.湖南安全与防灾，2017

（3）：44-47.

［26］武晓峰，闻星火.高校实验室安全工作的分析与思考［J］.实验室研究与探索，2012，31（8）：81-84，87.

［27］赵志国.高校实验室火灾原因分析及预防措施［J］.课程教育研究，2017（47）：44.

［28］刘志军，张宝运.大学生安全教育图鉴［M］.济南：山东人民出版社，2015.

［29］杨贤芳.突发公共事件下思想政治教育方法再选择［J］.法制与社会，2012（24）：235-236.

［30］张攀.电扶梯故障预防性维护探析［J］.城市管理与科技，2014，16（2）：60-61.

［31］金长星，万松祥，桑景拴.大学生安全教程［M］.北京：中国传媒大学出版社，2008.

［32］徐凯.大学生安全教育［M］.西安：西安电子科技大学出版社，2014.

［33］焦煊.常见交通事故类型［J］.劳动安全与健康，2000（5）：17.

［34］学校管理工作指导小组.学校交通安全与教育活动［M］.沈阳：辽海出版社，2011.

［35］鲁先长.大学生安全教育［M］.合肥：合肥工业大学出版社，2015.

［36］余绪鹏，郭文艳."00后"大学生遭遇电信网络诈骗的现象考察与治理对策［J］.南宁师范大学学报（哲学社会科学版），2022，43（2）：93-102.

［37］元坤.关键时刻拯救生命的生存技能［M］.北京：当代世界出版社，2010.

［38］漆浩.公民权益保护手册［M］.北京：蓝天出版社，2003.

［39］吴文英，吴炳玉，李进强.城市地震灾害风险分析模型研究：以福州市为例［M］.北京：北京理工大学出版社，2012.

［40］王玉国，施洪涛，周同岩.当代大学生安全教育简明教程［M］.哈尔滨：哈尔滨工业大学出版社，2008.

［41］王奉安.汛期的主角——暴雨［J］.环境保护与循环经济，2011，31（7）：30-32.

［42］中国气象局.社区气象灾害避险指南［M］.北京：气象出版社，2007.

［43］汪龙彬.在地理课教学中应讲好防灾减灾内容［J］.科学大众（科学教育），2011（6）：52.

［44］郑大玮，姜会飞.农村生活安全与减灾技术［M］.北京：化学工业出版社，2009.

［45］黄润秋.汶川8.0级地震触发崩滑灾害机制及其地质力学模式［J］.岩石力学与工程学报，2009，28（6）：1239-1249.

［46］余绪鹏，郭文艳."00后"大学生遭遇电信网络诈骗的现象考察与治理对策［J］.南宁师范大学学报（哲学社会科学版），2022，43（2）：93-102.

［47］马时来.计算机网络实用技术教程［M］.2版.北京：清华大学出版社，2007.

［48］李涵蒙.大学生网络诈骗防范意识提升研究［D］.哈尔滨：哈尔滨师范大学，2022.

［49］程子良，翁添富.大学生防范电信网络诈骗现状调查与对策研究——基于746名高校大学生的实证分析［J］.高校后勤研究，2022（5）：58-62.

［50］张凌寒.防范高校大学生网络暴力的对策［J］.安阳师范学院学报，2018（3）：121-123.

［51］胡强，沈智祥，刘文娟.新编大学生安全教育教程［M］.北京：北京理工大学出版社，2023.

［52］李阳，田其壮，张明真.黑客攻防从入门到精通［M］.北京：人民邮电出版社，2018.

［53］李志国.电子商务纠纷案例精解大全［M］.北京：人民邮电出版社，2016.

［54］许双.电信诈骗如此猖獗 我们该如何保护自己［N］.中国质量万里行，2016.

［55］张凌寒.防范高校大学生网络暴力的对策［J］.安阳师范学院学报，2018（3）：121-123.

［56］曲晓艳，杜森，孙玉昊.大数据环境下打击电信网络诈骗犯罪研究［J］.辽宁警察学院学报，2023，25（1）：39-43.

［57］陈夏花，殷海桐，倪景.校园贷下同群效应研究及引导对策［J］.现代商贸工业，2018，30（29）：124-125.

［58］杨贺凯.论网络空间中的犯罪帮助行为［D］.苏州大学博硕论文，2021.

［59］范茂魁.违法犯罪事件防范与应对［M］.北京：中国环境出版社，2017.

［60］吴杉.大学生网络犯罪成因分析及对策研究［J］.焦作大学学报，2022，36（2）：108-111.

［61］王致兵.我国劳动安全问题及对策［J］.辽宁科技大学学报，2009，32（1）：99-102，107.

［62］宋振杰.员工职业意识塑造训练［M］.北京：中国工人出版社，2012.

［63］任延学.事故树分析在预防铝棒深井铸造爆炸事故中的应用［J］.世界有色金属，2020（2）：166-167.

［64］刘莎.全日制大学生实习期劳动权益保障研究［D］.北京：首都经济贸易大学，2013.

［65］吴超，王秉.大学生安全文化［M］.2版.北京：机械工业出版社，2017.

［66］孔德生，胡在珊，高志刚.社会关系物化视域下大学生物质主义价值观探析［J］.黑龙江高教研究，2021，39（2）：127-130.

［67］王晓宇.学生实习安全培训教材［M］.北京：中国石化出版社，2016.

［68］游本春，魏震.劳动争议案件常见疑难问题解析［M］.北京：法律出版社，2018.

［69］宋志海.工单式教学模式在中职学校实训教学中的应用［J］.职业，2021（20）：66-68.

［70］王林清.劳动争议案件裁判要点与观点［M］.北京：法律出版社，2016.

［71］广东东维律师事务所.劳动热点问题法律法规及案例汇编［M］.北京：中国政法大学出版社，2017.

［72］赵少东，刘瑞芳，郭建平.坚持"隐患十查"推进安全检查深入［J］.现代职业安全，2022（10）：69-71.

［73］张睿，吴志鹏，黄枫岚."00后"大学生的思想观念及行为倾向研究［J］.思想理论教育，2021（6）：93–99.

［74］李君.对提高建筑企业经济效益的一点思考［J］.企业科技与发展，2010（24）：50–51.

［75］邹飞.核化生恐怖医学应对处置［M］.北京：人民卫生出版社，2010.

［76］李响妹，陈建铭，李浩亮.高校实验室安全检查与隐患治理［J］.科教导刊，2022（20）：13–15.

［77］李广洲，陆真.化学教学论实验［M］.北京：科学出版社，1999.

［78］许春树.化工设备使用与维护［M］.北京：中央广播电视大学出版社，2012.

［79］任绍梅，迟姚玲.浅议高等院校化工实验室的安全管理［J］.中国电力教育，2011（17）：29–30.

［80］戴芳，何江，赵治华.实验室安全管理体系建立的思考［J］.实验室研究与探索，2012，31（4）：199–202，222.

［81］李雅洁.新时代高校安全文化建设的现状及路径［J］.锦州医科大学学报（社会科学版），2020，18（1）：1–4.

［82］邹长城.高校校园安全文化的内涵、功能及建设［J］.湖湘论坛，2005（2）：87–88.

［83］陈振中."情感体制"视角下大学生消费行为探析［J］.南京师大学报（社会科学版），2021（5）：46–55.

［84］黄冬兰，吴新业，王文华，等.加强高职学生政治安全稳定意识教育的思考［J］.闽西职业技术学院学报，2012，14（3）：19–22.

［85］张杰，刘湘宁.提升大学生国家安全意识的策略研究［J］.科技创新导报，2012，9（23）：227–227，229.

［86］江书鹏，胡海军.论安全文化的构成与建设的途径［J］.中国有色金属，2015，（S1）：235–237.

［87］陆夏苇.理工科高校安全文化评价研究［D］.淮南：安徽理工大学，2017.

后记

安全：是一种文化的自觉

大学生在校读书期间，除了要学好专业理论知识，掌握与理论知识相对应的技术技能外，还要学习一些必要的与学习、生活、工作相关的知识，比如安全教育。大学生安全教育课程很重要，在关键的时候甚至比专业知识更重要，例如条件恶劣的地方，你掌握了必要的安全急救知识，有时就能挽救一个人生命。大学生在校读书期间，在学好专业知识的同时，必须要学习必要的安全知识和技能。

大学生安全教育课程是一门公共基础性技能课程，在大学开设大学生安全教育，就是弥补专业课程中对安全知识教育的不足部分。

安全是人类生存和发展的基础，是社会发展的前提，可以说没有安全就没有发展。安全有大小之分，大到国家的国土、空域（间）、海洋的安全，我们称为宏观安全；小到个人身边的生活、财物、用火、用电、交通、食品、自然灾害等安全，我们称为微观安全；还有的安全甚至于小到肉眼看不见的基因安全、数字安全等，这应该是国家安全的一个重要的组成部分。我们编写这本《大学生安全教育》，就是从我们身边的小事着眼，教育当代大学生，正确处理好安全与发展的关系，通过系列典型案例，教育引导广大学生，在遇到安全问题时，如何防灾减灾，如何正确避险，如何正确保护好自己免受灾害的侵害，这就是我们编写此书的初衷与目的。

我们党和国家历来重视发展与安全工作，统筹发展与安全，是党和国家的一项基础性工作，是我们党治国理政的一个重大原则。党的十九届五中全会首次把统筹发展和安全纳入"十四五"时期我国经济社会发展的指导思想，党的二十大强调"统筹发展和安全"，并将其写入党章。

安全是一种自觉的文化。避险求安是自然界生物的一种本能。大学生在安全的环境下学习、生活、工作，更能够放松身心，舒畅工作，愉快生活，培养的是一种健康的、积极向上的、愉快乐观的生活习惯。良好的安全文化可以培养引导大学生健康成长，影响大学生一生的发展，受用终生。每位大学生在校期间，都要让安全文化由被动的学习引导变为自觉地接受并转化为生活实践，在安全理论的引导下，将人的本能自觉，上升到文化的自觉。

我国具有五千多年的文明史，是世界四大文明古国之一，高度发达的历史文化，深深植根于每位中华儿女的心中，中华文化成为我们每位中国人的身份标识，铭记于心，彰显海外。安全文化便是众多中华文化之中的一个有机组成部分，绵绵不绝，生生不息，赓续永久。安全文化是人类在生产、生活、生存活动中，为保护个人身心安全与健康，以及为国家或集体安全，所创造的物质财富和精神财富的总和。简单地说，安全文化就是安全在意识形态领域和人们思想观念上的综合反映，就是我们通常所指的安全意识。

高校安全文化是高校在长期的教学管理实践中，为预防和减少安全事故，不断总结完善和长期沉淀下来的，包括被广大师生员工所广泛认可并自觉遵守的有关高校校园安全问题的行为准则、规章制度、思想作风和价值观念等。安全文化是安全系统有效性的决定因素，个体对组织安全文化的感受支配着其安全行为，安全文化决定着安全系统要素是否有效。文化的功能是无形的，我们虽然只能看到其作用的结果，却看不到作用的过程，但对人的影响和作用却是潜移默化的。深入持久地的解决人的安全意识和素质问题，需要强有力的文化支持。

高校安全文化具有三个功能。一是导向功能。安全文化提倡什么，崇尚什么，将通过各种制度潜移默化地把师生员工的注意力逐步引导到学校目标上来，注重的是人的观念、道德、伦理、态度、情感、品行等深层次的人文因素，通过教育、宣传、奖惩、创建群体氛围等手段，不断提高师生员工的安全修养，改进其安全意识和行为，使师生员工主动树立"安全第一，预防为主"的安全意识与理念，从而主动自觉地按安全要求采取行动。二是约束功能。安全文化对每个师生员工的思想和行为具有约束和规范作用，这种作用与传统的管理理论所强调的制度约束不同，它虽也有成文的硬制度约束，但更强调不成文的软约束，通过文化的功用使安全信念在师生员工心理深层形成一种定势，构造出一种响应机制，只要有诱导信号发生，即可得到积极响应，并迅速转化为预期行为。这种约束机制能够有效地缓解师生员工自治心理与被治现实形成的冲突，削弱由其引起的心理抵抗力，从而产生更加强大、深刻、持久的约束效果。三是规范行为功能。安全文化的导向功能、约束功能，最终将通过人的行为表现出来。人的行为是由动机支配的，动机是由需要引起的。需要的形成和动机的产生受内部因素(包括心理、生理、思维、价值观等)和外部因素(包括舆论、风俗、道德等)制约，同样的需要，在不同的文化背景下产生的动机是不同的。因此，建设校园安全文化对约束规范师生员工安全行为有着不可估量的作用。当安全观念、安全伦理道德在师生员工的思想上扎根后，师生员工就会积极主动地了解掌握安全科技知识，就会自觉地按学校安全管理的要求去约束、规范自己的行为，变为自觉地行动与规范。

我们要努力学好安全文化，掌握必要的安全避险的技能技巧，让我们在安全的环境下开心地生活、愉快地成长、快乐地工作，让安全文化成为我们的良师益友，伴随我们学习、工作、生活的每一天。

是为后记。

孙其勇

2024年8月